奥黛丽·赫本传

爱，让她变得完美

吴 玲/著

Audrey Hepburn
Love, makes her perfect

中国·武汉

图书在版编目（CIP）数据

奥黛丽·赫本传/吴玲著.—武汉：华中科技大学出版社，2023.6
ISBN 978-7-5680-9442-9

Ⅰ.①奥… Ⅱ.①吴… Ⅲ.①赫本（Hepburn，Audrey 1929—1993）—传记 Ⅳ.①K835.615.78

中国国家版本馆CIP数据核字（2023）第078197号

奥黛丽·赫本传
Aodaili·Heben Zhuan

吴玲 著

策划编辑：沈　柳
责任编辑：陈　然
封面设计：琥珀视觉
责任校对：张会军
责任监印：朱　玢
出版发行：华中科技大学出版社（中国·武汉）　　电话：(027)81321913
　　　　　武汉市东湖新技术开发区华工科技园　　邮编：430223
录　　排：孙雅丽
印　　刷：湖北恒泰印务有限公司
开　　本：880mm×1230mm　1/32
印　　张：8.5
字　　数：183千字
版　　次：2023年6月第1版第1次印刷
定　　价：45.00元

本书若有印装质量问题，请向出版社营销中心调换
全国免费服务热线：400-6679-118　竭诚为您服务
版权所有　侵权必究

奥黛丽·赫本

奥黛丽·赫本为联合国儿童基金会所画的
《母亲与孩子》

序
世界以痛吻我，而我报之以歌

著名导演比利·威尔德曾说过："上帝亲吻了一个小女孩儿的脸颊，于是赫本诞生了。"这句话千真万确，赫本就如同天使一般。

这个出生在富裕家庭的小姑娘，却没能享有快乐的童年，父母的婚姻不和，直接导致她无法拥有完整的父母之爱，加上第二次世界大战的爆发，让她生活在水深火热之中。

或许，正是不平凡的经历，让她早早对生活有了深刻的感悟，她说："很早以前，我就已经决定，无论遇到什么情况，都要坦然地接受生活；我从来没期望过它会对我青眼有加，虽然如今我已拥有许多我不曾奢望过的东西。其实很多时候，它们都是那么悄无声息地降临到我的生活中，我甚至都不曾去寻找过。"

世界盛赞她的容颜，但她从不觉得自己美丽，相反，她对自己有诸多不满。她希望自己的胸部不要那么扁平，希望自己不要有线条那么分明的肩膀、那么大的脚、那么大的鼻子。她坦诚地讲:"当你看到世上的一切,就会觉得外表实在太微不足道了。其实我很感激上帝赐给我的一切,而还有许多事是我该做的!"

走上演员这条道路,完全是出于一种无奈,若不是芭蕾舞梦的破碎,或许她不会成为一名演员,或许就不会有后来的举世无双。她常说,是法国著名作家克莱特发现了她,引导她走上了演艺道路。确实如此,克莱特的一双慧眼发现了她的才华。在此之前,她一直在一些英国小成本电影中扮演角色,比如音乐剧电影《天堂笑语》和《双姝艳》。她的表演中规中矩,直到她在法国南部拍摄时,遇到了克莱特。这位作家对她一见倾心,指定她出演自己的舞台剧。

她渴望家庭,渴望一个亲密无间的爱人,渴望一段安稳牢靠的婚姻关系。正如她自己所说的那样,"我的梦想之一,就是有自己的孩子,这一切都归于同一个原因——我不只希望得到爱,也极为渴望爱别人"。可惜,命运让她与相爱的人相遇,却不是良缘。所幸,在一而再再而三地分道扬镳之后,她终于遇到了可以携手一生的人。

著名作家陈丹燕曾说:"爱之于我,不是肌肤之亲,不是一蔬一饭,它是一种不死的欲望,是疲惫生活里的英雄梦想。"这也是赫本一直在追求的英雄梦想。

所以,她在最璀璨的时刻选择息影,八年光阴似箭,她尽情享受着恬淡的生活。复出后,她在影坛没有获得的满足,在联合国儿童基金会找到了,她成为拉丁美洲、非洲等那些被饥饿、病痛折磨的孩子们的天使。

在埃塞俄比亚,她亲自走访粮食分配中心;在委内瑞拉,她蹲下身子,和孩子们亲切交谈;在苏丹,她为"苏丹生命线"工程四处奔波;在孟加拉国,她牵着那些赤脚的孩子们的手,就像一位母亲那样,传递着爱意;在越南,为了推进接种疫苗和纯净水饮用的爱心计划,她不辞辛劳;在索马里,她不惜冒着生命危险,为那些深陷战争泥潭的孩子们奔走呼号……

正如她自己所说,她的老年,全靠这一双手,一只帮自己,一只帮别人。

她也总是强调,和平也应该成为一门学科,她说:"我们经常研究战争,甚至在大学里还有专门教授战争知识的学科,如果也有一个地方可以教我们如何去创造、保持和平,那该是多么美好的一件事情——一所教授和平的大学。"是的,她渴望和平,因为她经历过战争,痛苦过,所以她格外希望其他人免于战争的摧残。

巴里·帕里斯是赫本生前最后一位传记作者,他在为赫本所写的传记的前言中写道:"对传记作者来说,奥黛丽·赫本是一个梦想,同时又是一个噩梦。没有哪个电影演员像她这般令人尊敬,自身充满灵感,又能够激发身边的人。她在银幕上的表现和她在银幕下的善举都无与伦比。她与人为善,每个人都爱戴她,从没有人说过她一句坏话。她做过的最恶劣的事情,也许是在1964年的奥斯卡颁奖晚会上,她忘记提及帕德里夏·妮尔。她没有留下骇人的秘密,媒体从来也没有机会曝光她的丑闻。在她和蔼热情的外表下,是一颗更加和蔼热情的心。"

她说:"我曾听过这样一句话'快乐就是健康和健忘'。真希望这句话是我说的。这可是千真万确的真理。"她是坠落人间的天使,即使离开了,也留下了永不熄灭的爱。

Contents

目录

Part 1　天使降临人世间　1
- 01 - 冰冷的童年　3
- 02 - 最痛的伤来自最爱的人　9
- 03 - 与母亲相依为命　16
- 04 - 点燃芭蕾梦　21
- 05 - 战争改变一切　25

Part 2　从泥土中长出希望　31
- 01 - 母亲的决定　33
- 02 - 生活在无奈中继续　38
- 03 - 感情小风波　43
- 04 - 伯乐不常有　47

Part 3　天使降临好莱坞　51
- 01 - 忙碌的女演员　53
- 02 - 青涩的演技　58
- 03 - 世界为之疯狂　64
- 04 - 为《罗马假日》做准备　68
- 05 - 永远的公主　73

❖ Part 4　在动荡不安中发现真我　79

01 - 爱是不将就　81

02 - 遇见纪梵希　85

03 - 不太愉快的经历　90

04 - 原来是他　95

05 - 仙子与骑士　100

06 - 人生大事　105

❖ Part 5　真切的羁绊　109

01 - 贤妻良母　111

02 - 重回独立　115

03 - 渐行渐远　120

04 - 再也不见　124

05 - 惘然　130

06 - 真正的修女　135

07 - 蒂凡尼的早餐　141

❖ Part 6　回归平凡　145

01 - 不被看好的姐弟恋　147

02 - 不变的是变化　153

03 - 千疮百孔　158

04 - 正确的人　163

05 - 爱过，错过　169

Part 7　爱全世界的孩子　175

- 01 - 亲善大使　177
- 02 - 索马里之行　181
- 03 - 灌溉未来　186
- 04 - 至暗时刻　191
- 05 - 最后的愿望　195
- 06 - 天使，再见　200

Part 8　她　207

- 01 - 伟大的母亲　209
- 02 - 爱是一种行动　214
- 03 - 洗手做羹汤　218
- 04 - 恋人未满，友情至上　222
- 05 - 奇妙的演艺生涯　229

后记　爱，永不止息　235

附录 A　赫本主要生平　238

附录 B　《为了孩子们》演讲稿　244

附录 C　艾文·拉纳给赫本的信　252

附录 D　赫本语录　256

个人档案

中文名：奥黛丽·赫本

外文名：Audrey Hepburn

别名：Audrey Kathleen Hepburn-Ruston

国籍：英国

民族：比利时、荷兰、英国、爱尔兰混血

出生地：比利时布鲁塞尔

出生日期：1929年5月4日

逝世日期：1993年1月20日

星座：金牛座

血型：A型

身高：170 cm

毕业院校：玛丽·兰伯特芭蕾舞学校

职业：演员

Part 1

天使降临人世间

许多年后,当赫本也成为母亲,她还曾与大儿子说起过自己的大难不死,她开玩笑地说,如果她要写自传,开头就会这样写:"1929年5月4日,我出生在比利时布鲁塞尔,六周后,我告别了人世。"

01 冰冷的童年

完美的童年是什么样子?或许是父母亲密无间,孩子在父母的呵护与陪伴下,无忧无虑地度过幼年时光,长大成人后,每每想起都能从中感受到父母的爱与力量。

原本,赫本有一个完美的开始,因为她生来就是公主,本该拥有完美的童年,在爱与期许中慢慢长大,无拘无束地追逐梦想,可惜,命运将她放在了"完美"的对立面上。

比利时的布鲁塞尔是她的故乡,母亲埃拉·凡·赫姆斯特拉是荷兰女男爵,这就意味着她拥有贵族血统;父亲约瑟夫·维克多·安东尼·赫本-鲁斯顿则是银行家。可以说她家境优渥,一切都很完美,她本该过着公主般的生活,备受宠爱,然而看似完美的家庭却给了她"一生中最大的创伤"。

埃拉的婚姻充满坎坷,她的不幸直接影响了女儿的未来。埃拉年轻时是个活泼开朗的姑娘,在不到20岁时,就与一位荷兰贵族、皇家侍从霍恩·让·凡·尤德福步入婚姻,可惜一切都结束得太快了，这段关系因为丈夫的移情别恋而告终。

面对婚姻的不幸，埃拉没有一蹶不振，沉溺在痛苦中。相反，她毅然决然地选择了离婚，坚持由自己抚养两个儿子。她坚强又独立，不愿为了安稳度日而委曲求全。

不久，埃拉与第二任丈夫也就是赫本的父亲成婚，他有着英俊的外表，但与此同时也有一颗不安分的心。埃拉原本以为自己和孩子们有了归宿，终于有了一个完整的家，可实际上，这却是另一段坎坷经历的开始。约瑟夫好吃懒做，有野心却没有行动，还是一个靠前妻"吃软饭"的人，但当埃拉察觉到这一切时，为时已晚。

赫本清澈的眼神和甜美的笑容，总会让人误以为她是备受父母宠爱的小公主，她的父母一定恩爱有加，每天会在女儿面前展现最亲密的一面，实际上，一切恰恰相反，赫本的童年是冷冰冰的，远没有想象中幸福。

父母的感情是不是稳定和谐，直接关乎着孩子的感受，赫本对此感受格外深刻。母亲埃拉和父亲约瑟夫作为夫妻，却没有半点夫妻的温情，他们的关系更像是结仇的冤家。在年幼的赫本面前，他们毫不避讳地大声争吵抱怨，这让赫本害怕极了，她无处可去，只能躲在桌子底下，瑟瑟发抖地看着她最爱的两个人吵得面红耳赤。她太小了，没有办法劝说父母和解，更无法逃离这一切。

除了吵架，埃拉和约瑟夫好像无话可说，两个人与其说是夫妻，倒不如说是陌生人，他们没有半点交流，谁也不愿开口说话，仿佛对方只是无关紧要的人。或许对他们来说，保持沉默就是最佳状态，但对赫本而言，父母不论是争吵还是沉默，对她都是一种心灵上的折磨。他们从不会亲密地坐到赫本身旁，关切地问她心情如何，今天做了什么，有没有什么开心的事情。在他们的世界里，赫本似乎是透明的，他们似乎忘了还有一个年幼的女儿。他们养育了她，却又以残忍的方式对待她。对赫本来说，父母的冷若冰霜是最痛苦的折磨。

想当初，埃拉和约瑟夫也曾笃信两个人会白头到老，所以才带着美好的憧憬步入婚姻。埃拉初见约瑟夫时，就被他的英俊深深吸引了，他穿着光鲜，举止得体，而且多才多艺，会摄影，会驯马，还精通十三种语言，面对这样的男人，谁也会忍不住动心吧。约瑟夫初见埃拉时，也是一见钟情，这个端庄优雅的女人，一颦一笑都牵动着他的神经，更重要的是，埃拉拥有贵族头衔，这也让约瑟夫对她多了几分浓情。

为情所伤的埃拉遇上热情似火的约瑟夫，新的爱情故事就开始了。俊男靓女格外合拍，热恋的人如胶似漆，形影不离，他们一起去看比赛，一起去餐厅，一起参加舞会……总之，但凡可以两个人一起参加的活动，他们就不会一个人参加。

埃拉明明知道约瑟夫是个有妇之夫，却仍旧深陷其中，似乎忘了自己也曾被丈夫的移情别恋重伤，如今，就好像是一个轮回。约瑟夫的妻子柯内莉亚是个富豪，光是祖上留下来的家产就足够她享受荣华富贵一辈子了。得知丈夫有了新欢，柯内莉亚没有纠缠，她也有藏在心里的人，所以两个人迅速离婚。1926年9

月7日，埃拉与约瑟夫结为夫妻。

爱情和婚姻是一回事吗？事实证明，显然二者不能混为一谈。

埃拉原本以为，约瑟夫会成为一个好丈夫、好父亲，她会在这段婚姻中收获久违的幸福。可惜，她越想得到的，命运偏偏不让她得到。

婚前，约瑟夫是个兴趣广泛的人，但婚后，埃拉却发现他是一个游手好闲的人。两个人时不时就会爆发激烈的争吵，她的生活仿佛回到了黑暗之中。

就在埃拉在绝望的边缘徘徊的时候，她发现自己怀孕了，新的生命就意味着新的希望，她虔诚地向上帝祷告，盼望着能拥有一个聪明可爱的女儿，她想，或许约瑟夫有了自己的女儿后，会慢慢懂得如何做一个好父亲。

在得知埃拉怀孕之后，约瑟夫也表态说，会带着妻子和孩子们前往布鲁塞尔，他会入职一家保险公司，通过自己的努力来捍卫这个家庭。就这样，一家人打包行李，登上了前往布鲁塞尔的船。埃拉相信，一切都在朝着好的方向发展。

1929年5月4日，埃拉与约瑟夫的女儿出生了，他们给她起名为奥黛丽·凯瑟琳·鲁斯顿，这就是赫本。埃拉精心地照顾着小女儿，危险却在悄悄来临。

赫本在六周多大的时候，差点被百日咳夺去性命。埃拉是基督教科学派成员，笃信上帝会救自己的孩子，所以即便女儿病情严重，她也没有带女儿去看医生，而是虔诚地祷告上帝。赫本的咳嗽越来越严重，甚至一度停止了呼吸，浑身上下也慢慢变成了紫色。直到这时，埃拉还强装镇定，她一边念祈祷文，一边使劲拍着女儿的小屁股。

幸运的是，赫本重新有了呼吸！确实，赫本算是福大命大，但当她慢慢长大，愈发需要关爱的时候，却触碰到了更冰冷的现实——父母的关系越来越冷漠。

每当父亲出现在赫本的视线内，她都会欢呼雀跃地跑过去，她渴望的是父亲能够将她抱在怀里，或者牵起她的小手。然而，父亲给她的只有疏远和冷漠，这对一个小孩子来说，简直就是灭顶之灾。她以为是自己做得不好，父亲才不喜欢自己，如果自己再努力一点，再懂事一点，就能得到父亲的拥抱和亲吻。

对父爱的渴望，燃起了赫本的动力，小小年纪的她，就能够安静地读书，她努力学画画、音乐，幻想着有朝一日，父亲能够将目光停留在她的身上。但事与愿违，赫本用心了，她的父亲却一直忽视她。他要么就是频繁地去伦敦出差，要么就是外出聊天，待在家里的时间少之又少，分给女儿的时间更是寥寥无几。

埃拉是爱赫本的，她深爱着自己的女儿，但她是典型的严母，从小就教赫本传统的贵族礼仪，母女之间多的是命令式的对话，温柔宠爱少得可怜。对待丈夫，埃拉从最初的满心期待，慢慢地也变成了无所谓，感情逐渐被消磨殆尽，吵架也就成了家常便饭。

不幸中的万幸是，赫本还有两个同母异父的哥哥——亚历克斯和伊安，要是没有他们，赫本的童年就会缺少许多乐趣。他们知道母亲对妹妹管教严格,所以总是悄悄带着妹妹出去玩。他们无拘无束地做游戏、爬树,甚至搞恶作剧,与两个哥哥在一起,赫本才真正释放了童真,收获了童趣。在赫本5岁的时候,两个哥哥开始住校,将孤零零的赫本留在了家里。

　　除了两个哥哥,能带给赫本幸福感的就是住在荷兰安恒的外公和外婆,两位老人十分疼爱赫本,渴望被爱的小女孩,唯有在外公和外婆那里才能感受到亲昵的爱。可惜,慈爱的外公外婆远在外地,不能时时刻刻陪伴在她身边。

02 / 来自最爱的人 最痛的伤

人的一生会受到很多伤害，最伤人的莫过于来自血肉至亲的伤害。

在当时的布鲁塞尔，明令禁止极端主义分子、支持革命的社会主义者和受德国影响的国家社会党人担任公职，但实际上，有越来越多的法西斯党人开始从政，他们慢慢占据了许多关键岗位。

在法西斯党人的影响下，埃拉和约瑟夫也逐渐倾向于法西斯主义，埃拉还算克制，约瑟夫则是毫无顾忌，他经常参加纳粹支持者举行的舞会，他们不但口头支持纳粹分子，还积极为英国法西斯联盟筹措经费，甚至帮对方招兵买马，他们或许还没有意识到自己所做的一切将会带来怎样的灾难。

1935年4月26日，约瑟夫以埃拉的名义写了一封公开支持信："我们这群受到法西斯主义感召、追寻胜利之路的人，已彻底明白了我们原先不明白的一切。我们终于突破束缚，走上救赎之路。我们追随莫斯利爵士，在他身上，我们看到了领袖精神，他的视野不受世俗事物的拘泥，他的启发达到更高层面，他的理想让英国向着性灵重生的新黎明前进。"

在赫本6岁生日那天，埃拉和约瑟夫却缺席了，他们为了前往慕尼黑与希特勒共进午餐，不惜错过女儿的生日。小小的赫本，或许还在期盼着父母与她一起点燃生日蜡烛，一起许下心愿，一起分享蛋糕，然而希望落空，父母将孤独留给了她。

幼年时的赫本尚且不能理解法西斯是什么，但因为法西斯，她感受到了真切的离别之痛，这个说不上多么疼爱自己的父亲就要离开了。起初，她的父亲与母亲都是法西斯主义的支持者。在纳粹掌权后，母亲因为有犹太血统而成为纳粹迫害的对象，在这种情况下，父亲不但没有放弃支持法西斯，反而越发狂热，最终，这段婚姻以离婚收场。

在他的信仰与家人之间，他选择了前者而抛弃了后者。在英国正式向德国宣战后，战争随即爆发，赫本被父亲送上了前往欧洲大陆的民用飞机，她对父亲的记忆也就定格在那个瞬间。不过后来，赫本的儿子肖恩回忆说，他的外公和外婆"绝对没有支持战争或大屠杀。他们或许拥护某些法西斯的理念，隶属相关党派，但从来没有伤害任何人，或在知情的情况下支持任何体制杀人"。一向热爱和平的赫本，能够理解父母有自己的信仰，但绝对不能原谅父母支持战争和大屠杀。幸好，父母没有做出那么丧心病狂的事情。

母亲的情绪可以通过抱怨来发泄，而赫本的思念却找不到出口,她需要母亲,也需要父亲,她需要一家人围坐在一起共进晚餐,她需要父母的关心叮咛,但她没有了父亲。后来,她想到了写信。七八岁的赫本,渴望通过文字触碰思而不得的父亲,在其他人追逐打闹时,她就一个人静静地趴在桌子上,不停地写着。然而,一封又一封的信寄了出去,却始终没有回音。难以想象她是怀着什么样的心情在写信,又是如何盼望着收到父亲的回信,但可以肯定的是,她太想念父亲了。

思念就像一颗种子,在赫本柔软的内心中生根发芽。后来,赫本的长子肖恩在为母亲写的传记《天使在人间》中写道:"失去父爱的母亲就像是一棵生长在阴暗处的树,尽管见不到阳光,它的树枝还是会千方百计地向阳光的方向生长。" 失去完整的家庭,缺少了父亲的疼爱,她就这样被遗弃在阴暗的角落。

即便父亲的离开是父母之间的问题导致的,赫本还是陷入了深深的自责,她认为一定是自己做错了什么,父亲才会不顾一切地离开他们。埃拉对约瑟夫已经失去了信心,他的所作所为也彻底伤透了她的心。面对日夜哭泣的女儿,埃拉只能不停地安慰她,告诉她父亲的离开并不是因为她。

原本,赫本有机会成为一个活泼可爱的人,但是受原生家庭的影响,她浑身上下都散发着一种忧伤,正如作曲家亨利·曼奇尼所说,赫本是一个有着"淡淡忧伤"的女子。

被父亲抛弃,已经足够让人窒息了,母亲却变得更加挑剔。失去了父亲,也没有温柔的母亲,幼年的赫本只能强迫自己坚强。面对严厉的母亲,她除了畏惧,就是心疼,她知道母亲的痛苦，只不过母亲习惯了以严肃的表情来面对她。

小小的赫本，在需要被爱、被呵护的年纪，却早早懂得了隐忍和克制。

有一次，埃拉带着赫本走在街上，赫本看见路边停着一辆婴儿推车，看着车里的小宝宝，她情不自禁地伸出双臂，想要抱一抱。埃拉见状，赶紧拉着小赫本离开了，她只看到了女儿举止的怪异，却察觉不到女儿对拥抱的渴望。受到母亲的责备后，小赫本更失落了，母亲没有用她能够理解的方式去爱她，取而代之的是更加严厉的管教。

随着父亲的离开，赫本的家变得残缺，埃拉痛定思痛，决定带着女儿离开这个伤心地，回到荷兰的家人身边。这个时候，赫本只有6岁，还没等她适应没有父亲的生活，新的挑战接踵而至——她要孤身一个人前往英国住校。

对小赫本来说，她还不太能够理解母亲的良苦用心。当时，像赫本这样拥有良好出身的孩子，多数会被父母送去住校，以磨炼他们的意志力，使他们更加坚强果敢。同时，埃拉还有一个比较重要的考量，那就是荷兰的大环境不容乐观，不仅接连发生暴动，还有很高的失业率，总体来说就是动荡不安，埃拉不放心将女儿留在荷兰。

除此之外，约瑟夫享有对赫本的探视权，将女儿送到英国住校，可以规避很多问题和麻烦，还能让赫本有机会见一见父亲。在这一点上，埃拉还是很为女儿着想的，要不然她完全可以拒绝约瑟夫探视女儿，与这个绝情寡义的男人划清界限，但是她没有这样做，也算是对女儿的一种弥补。

遗憾的是，埃拉的良苦用心并没有换来约瑟夫对女儿的重视，小赫本在肯特郡住校的那四年间，约瑟夫总共来了四次，平均下来小赫本一年才能见父亲一次，这让她感到失望和伤心，她期盼着父亲能多来几次，能让她感觉到自己是被父亲爱着的。

好在父亲每一次来，都给赫本带来了满满的快乐。有一次，父亲带着小赫本坐着双翼小飞机来到了英国东南部，这是小赫本第一次坐飞机，她兴奋不已，尤其是还有父亲的陪伴，那样的时光显得尤为快乐。

起初，小赫本对住校生活是有些抵触的，但幸运的是，她遇到了可亲可敬的老师以及可爱善良的同学们。她与小伙伴们一起畅游在知识的海洋里，她尤其对历史和天文学感兴趣，对数学则喜欢不起来。

小赫本喜欢学习，但要是一直坐在教室里，还是挺不舒服的，所以舞蹈课就成了她每周最向往的一节课。

在父亲消失的岁月中，赫本一直想念着父亲，也想知道他过得好不好。直到与第一任丈夫梅尔·费勒结婚后，费勒为了完成她的心愿，向红十字组织寻求帮助，恳请他们代为寻找赫本的父亲。最终，功夫不负有心人，赫本得知父亲身在爱尔兰，而且他一直关注着女儿的情况。

赫本第一时间通过电话与父亲取得了联系，并约定在都柏林谢尔伯恩酒店的大堂见面。父亲身穿破旧的粗花呢大衣，苍老了许多，当与阔别已久的女儿相见时，还带着几分疏离。赫本以为父亲会激动地迎接她，会张开双臂揽她入怀，然而，父亲只是站在原地，不悲不喜。最终，赫本主动走上前，给了父亲一个大大的拥抱。在父亲离开的日子里，母亲对父亲的抱怨与怨恨都刻在了一朝一夕中，父亲的确愧对于她，但她选择原谅和宽恕，她不愿活在憎恨与失望中。

赫本的儿子肖恩作为旁观者，他写道："因为愤恨，她放弃了那个家庭所拥有的全部尊贵头衔，搬到她的外祖父家居住。我从来没有见过我的外祖父，在我出生前三年他就去世了。我母亲很少提起她以前的生活，不过她总是说，（她的）外祖父在很大程度上充当了父亲的角色，因为父亲很早就离开了她，在她的童年生活中她对父亲的印象很淡。20年后当她与父亲重逢时，两人之间也没有流露出父女间那种深厚的感情。"

确实，在与父亲见面后，对赫本而言，是心愿已了。那个藏在内心多年的心结，终于解开了，她也不再纠结于过往。赫本是洒脱的，在这次会面后，她选择与父亲回到各自的生活，互不打扰，但作为女儿，她在经济上给予了父亲帮助。后来，父亲病重，在他生命垂危之际，赫本再次前往都柏林。面对病入膏肓的父亲，赫本决定在那里多留些时日，曾经缺失的陪伴，至少在他临终之际有所补偿。遗憾的是，赫本在离开爱尔兰后没几天，父亲就去世了，她没能参加父亲的葬礼。

成年后的赫本并不经常提起往事，但关于父亲，她说："我崇拜父亲，他离开我们，让我非常伤心……让我们觉得很不安——或许影响我终生。"父亲的不告而别，成为她一生中最痛苦的一件事，使她原本完整的世界变得四分五裂。对赫本而言，这个伤口一直存在，难以愈合，这也直接影响了她对感情的态度，比如在处理与其他人的关系时，她极度不安，曾经的经历时刻提醒她，这些人也会离她而去。

赫本说："他们只是平凡人，抱怨并不能改变什么。他没有做到他应该做的，不意味着我就应该以牙还牙。我必须做到我自己该做的那一部分，不论我曾经被伤害到什么程度。"这就是赫本，哪怕被伤害，也选择宽恕与原谅。

03 / 与母亲相依为命

生活在悄然发生着变化，比如会有新的梦想或新的危险。或许一生顺遂是太奢侈的愿望，但我们希望至少有至亲的人陪在左右。

1939年，赫本10岁了，埃拉特意来到肯特郡，准备陪女儿过生日。也是在这一天，埃拉碰巧遇到赫本在排练舞蹈，她望着台上翩翩起舞的小精灵，萌生了一个想法——让女儿去学芭蕾，她相信女儿一定会在芭蕾舞的舞台上闪闪发光。

然而造化弄人，埃拉前脚去陪女儿，第二次世界大战后脚就爆发了。战争来得太快了，所有人都还没来得及反应，纳粹就已经长驱直入，并向波兰发起了侵略战争。紧接着，英法向德国宣战，并相继发动了进攻。

第二次世界大战简称二战，也被称为世界反法西斯战争，德国、意大利、日本是三个法西斯轴心国，与法西斯斗争的则是反法西斯同盟和全世界的反法西斯力量，这是人类历史上第二次全球规模的战争。战争先后波及60个国家和地区，有多达20亿以上的人口被卷入战争。

战争是残酷的，在炮火之中，人类如同蝼蚁，被轻易碾压。为了躲避战争的硝烟，埃拉带着赫本回到荷兰安恒。也是在这一年，埃拉与约瑟夫的婚姻在法律层面上彻底结束。一别两宽，约瑟夫后来去了爱尔兰，也组建了新的家庭。

在安恒，小赫本又变得欢快起来，这里有如画的风景，有热情的邻居，她在这里找到了久违的快乐。外面战火纷飞，丹麦和挪威接连被纳粹入侵，一座又一座城市被炮火摧残，一个又一个家庭因为战争而家破人亡。荷兰作为中立国，暂时还没有遭到炮火的侵袭，安恒享受着短暂的祥和。

1940年5月，英国著名芭蕾舞团——萨德勒威尔斯，来到安恒进行表演。这让埃拉和小赫本兴奋极了，尤其是小赫本，她还将在表演结束后，为舞团总监献花。为了让女儿更加光彩夺目，埃拉还请裁缝为女儿量身定做了一条绸布长裙，这对赫本来说可是难得的衣服。

舞台上，芭蕾舞者轻盈灵动，舞台下，观众们都看得入神了，一切都是如此美好。当舞蹈结束，小赫本手捧鲜花走上舞台献花，一时间掌声雷动。人们忘记了战争，忘记了烦恼，尽情享受着芭蕾舞所带来的愉悦。

就在人们期待着下一次演出时，英国副领事要求芭蕾舞团立即离开。这个突如其来的命令，让安恒人备感焦虑，他们感觉情况不妙。果不其然，芭蕾舞团离开后的第二天，德国就向荷兰、比利时和卢森堡发起闪电式进攻。这让荷兰人彻底懵了，因为希特勒不久之前还在公开场合表示，不会进攻荷兰，没想到这么快就食言了。

荷兰鹿特丹遭到飞机空袭，空袭夺走了数万名居民的性命。占领鹿特丹后，德军继续向海牙发起攻势，前后五天的时间，荷兰被德军占领。

被德军占领后，荷兰犹太人的命运彻底改变，他们被禁止上班、上学，还有些人被流放，甚至被剥夺生命。

赫本当时虽然年幼，但是她对战争的记忆是深刻的。

战争是残酷的，纳粹更是灭绝人性，一批又一批的犹太人被送去了纳粹集中营。赫本曾经目睹一家人被装进囚车。人如蝼蚁，命如草芥，她每天都在担惊受怕中度日，唯恐突然有一天，她也会被抓走。她回忆说："不要不相信你所听到或读到的任何纳粹暴行，它其实比你所能想象的更恐怖。我们看见亲人被抵在墙上，当着我们的面被射杀。"

因为埃拉家族有犹太血统，这就成为一家人的噩梦。纳粹没收了赫本外公外婆家存在银行里的钱及证券，家里的珠宝也被全部收走，一时间，全家人陷入贫困之中。

在那段黑暗的日子里，失去财产都显得是一种幸运，因为更悲惨的是失去生命。赫本有一个舅舅，是一位法官，结果被关在了纳粹集中营里，最终被无情地杀害。除了唯一的舅舅，赫本的两个表哥也没有逃过纳粹的魔掌。纳粹惨无人道，有时他们将犹太人抓住后，会直接射杀。

让赫本牵肠挂肚的还有她的两个哥哥，大哥亚历克斯加入了荷兰陆军，他在荷兰全面沦陷后被俘；二哥伊安也是反纳粹的积极分子，不仅组织学生罢课，还偷偷帮犹太人弄假证件，被德军发现后，就被送去了德国，一走就是好几年，杳无音信。

虽然赫本和母亲暂时是安全的，但一家人穷困潦倒，饥寒交迫。一方面，家里的钱都被纳粹抢走了，衣食无忧的日子已经成了过去；另一方面，德国切断了荷兰的进口食品供应，导致荷兰举国上下都在饿肚子。赫本一家没钱、没食物，为了活下去，不得不将郁金香球茎当作一日三餐，有时候还会吃些野草。不要以为吃郁金香和野草就是最惨的情况，实际上，最惨的是连郁金香和野草都没有，只能喝水充饥。

当时的赫本已经十四五岁了，正是身体发育的黄金时期，却经常饿肚子，属实是吃了上顿没下顿，甚至接连几顿饭都吃不上。正是因为这样，赫本患有严重的营养不良症、贫血症以及呼吸系统疾病，她的瘦削不是为了追求轻盈体态而刻意保持的，相反，是形势所迫。

作为母亲，埃拉心疼女儿，但又无能为力。在战争面前，在敌人的武力面前，埃拉只能尽己所能，努力规避一切风险，比如让赫本学说荷兰语，并用艾达·范·西姆斯特拉的假名字给她注册了学校，埃拉认为，这样能防止暴露赫本的英国公民身份。赫本理解母亲的良苦用心，使用假名字不麻烦，但让她说荷兰语就让她有些困扰。

很久之后，她提及这段往事，依旧充满对战争的恐惧，"我才十多岁，就已经明白人性的冷酷，我亲眼看见它、感觉它、听到它——它永远不会消散。那不只是噩梦，我就在现场，它就发生在我眼前。"

04 / 点燃芭蕾梦

炮火纷飞的年代,人们过着有今天没明天的日子,能活着就是莫大的幸运。房屋被毁了,街道被毁了,整座城市都变成一片废墟,生活变得面目全非,人们的欲望被无限缩小,小到只剩下活着。

即便如此,埃拉也不愿女儿活得像行尸走肉,她为女儿仔细寻找着机会。

之前,埃拉就发现了女儿的舞蹈天赋,在1941年,她为赫本报名注册了安恒艺校的舞蹈班,这点燃了赫本的芭蕾梦。按照埃拉的经济条件,本来是很难承担舞蹈班的学费的,但艺校提供了学费减免政策,只要家长根据自身能力支付一部分即可,这让赫本的芭蕾舞梦得以延续。

在与饥饿、恐惧对抗的日子里,赫本全身心投入芭蕾舞的学习中。没有食物果腹,那就不停喝水;饿到浑身上下都没有力气,也坚持练舞;没有舞鞋,那就用木头做一双……没有条件,那就创造条件，总之，她要尽情地跳舞。15年后，赫本说："我想要跳舞的热忱，远大于我对德军的恐惧。"她想要一直跳下去，想要一直沉浸在芭蕾舞的世界中，或许当她踮起脚尖，不停旋转时，可以忘记所有烦恼。

天道酬勤，赫本的热爱与努力得到了回报，她成为安恒艺校冉冉升起的舞蹈新星。从毫无舞蹈基础到可以独自设计舞蹈动作，赫本一次又一次摔倒，一次又一次爬起来，脚被磨出血泡，她也忍着疼继续跳。或许，芭蕾舞能让她暂时忘了战争的阴霾，忘了身体的虚弱，忘了音信全无的父亲……

她沉浸在芭蕾舞的世界里，同时，也没有忘记为荷兰贡献自己的力量。虽然她身板小，去不了前线作战，但她将舞伴们组织起来，一起为荷兰军队筹款。从舞蹈动作，到演出服装，都是赫本亲力亲为。为了让演出有更好的效果，她还拜托会弹钢琴的朋友来帮忙。

为了不引起德军的注意，他们找到一个隐蔽的地方，紧锁门窗，再拉上黑色的窗帘。他们的表演精彩极了，可台下的观众只能默默地喝彩，唯恐一不小心把德军招了过来。一旦被德军发现，后果将不堪设想。就在这看似平静的氛围中，人们享受着芭蕾舞带来的快乐，这也是赫本最精彩的表演之一。

别看赫本是个瘦瘦小小的姑娘，她胆子可不小，而且有勇有谋，临危不乱。

当荷兰地下游击队需要传递情报的时候，赫本挺身而出，这可不是跑跑腿那么简单的事情。在当时的荷兰，遍地都是狠毒的纳粹和秘密警察，他们监视着荷兰的大街小巷，但凡有风吹草动都逃不过他们的眼睛。

一天，赫本小心翼翼地带着情报走在路上，这一次她要把情报送到森林中去，一个英国伞兵正在等待着她。在返程的路上，她被两个德国军人拦了下来。面对气势汹汹的敌人，她表现得淡定自若，他们问了一堆问题，她就装作听不懂的样子。正当德国军人不知道怎么办的时候，她又笑着将野花送给他们，一下子就让对方放松了警惕，没有再继续盘问，赫本这才得以脱身。多年后，她骄傲且坚定地说："对荷兰孩童来说，冒死拯救反抗分子的性命，是理所当然的事。"

危险时刻都存在，有一天，一小队德国士兵背着枪，命令目之所及的所有女孩和妇人排成一列，立即上车，随后，三辆军用卡车大摇大摆地行驶在安恒的街道上。赫本就在其中，她害怕极了，一再用荷兰语念道："我们天上的父……我们天上的父……"

车队在行驶途中，突然停了下来，士兵从车上跳下来，原来是有犹太人路过。士兵们在犹太人的衣服上画了黄色的六芒星，她回忆说，"我记得听到步枪枪托敲在人脸上的沉闷声响，然后我跳了下来，弯身滚到车底，再朝外滚，只希望司机不要注意到我——他果真没有注意到"。

身在黑暗，但心向光明，这就是赫本。长大后的赫本，回忆起这段时光，感慨地说："如果我们知道阿纳姆会被德国兵侵占五年，我们一定会饮弹自杀。当时，我们以为噩梦下周就会结束，也许六个月后，或者明年——我们就是这样一天天挨过来的。"

除了舞蹈，赫本也热爱绘画，硝烟弥漫的世界看不到光亮，她就用画笔描绘出一抹又一抹明媚灿烂，那些憧憬的温暖美好，都展现在她的笔下。她的每一幅画作，都折射出她温暖的内心，她失去的一切，似乎又在画作中失而复得。

苦难与希望并存，或许战争会持续很久，但只要全世界还有真正热爱和平、不愿向法西斯屈服的人，就一定会有迎来光明的一天。

05 战争改变一切

何为战争？那时候的赫本或许解释不清楚，但其中的暴力、攻击、杀戮等行为，她却实实在在地感受到了，甚至死亡就离她那么近，她对死亡的感受是那么清晰。

1940年至1945年，荷兰被纳粹占领，以往的和平安宁荡然无存，生活在这里的人每天思考最多的就是如何活下去。原本平静的天空，时不时就会有飞机掠过，近在耳边的轰鸣声让人心惊胆战，人们无法分辨对方是敌是友，唯一确定的是一有动静就尽快带着家人转移到地下室，来不及去地下室，就躲在橱柜里。

荷兰在纳粹的统治下，实行物资配给，原本物资就紧缺，还要一切以德军优先，除了强行收汽油、轮胎、纺织品等，德军还把跟铁有关的物品都顺走了。人们缺衣少吃，每一顿饭，甚至每一口饭都要小心计算，茶叶不够喝，那就反复泡着喝，木炭不够用，那就挤在一起取暖，怎么节省怎么来。

渐渐地，节省也难以度日，于是有人偷偷跑到公园砍树，为的是弄些柴火取暖；有人则四处寻觅无主的房屋，翻出些能换钱的东西……在人们吃不饱、穿不暖，生命岌岌可危时，道德的底线也就被轻易攻破了。

不过比起纳粹，偷砍树木简直不值一提。纳粹极力宣扬反犹主义，将犹太人视为眼中钉、肉中刺，占领荷兰期间，纳粹处处针对犹太人，不允许犹太人担任老师、教授，在职的一律解职，上学的一律退学，纳粹还禁止犹太人去医院看病，禁止嫁给犹太人的非犹太女性生育。对犹太人来讲，最残忍的不是纳粹对他们行为的限制，而是纳粹对生命的蔑视。德军将大批犹太人送往集中营，他们或被枪杀，或被焚烧，或成为苦役，总之都难逃厄运。

在赫本的记忆中，任何纳粹暴行远比所能想象的更恐怖，人们就这样被抵在墙上，然后被射杀。面对这一切，12岁的赫本害怕极了，她担心自己也会被送到"德军官兵俱乐部"，或是被抓去打杂，没有人能保护她，她只能寄希望于运气，这才叫人心生绝望。

就在她被恐惧包围的时候，参军的哥哥亚历克斯突然没了音信。战争开始时，亚历克斯成为陆军的一员，后来就再也没有露过面，赫本和母亲都以为他已经阵亡了，实际上，他被俘后逃了出来，但一直东躲西藏，所幸还活着。

二哥伊安一直以来都是积极的反抗分子，当犹太教授被解职时，他还组织过学生罢课，此外，他还四处分发反德手册，帮助犹太人逃脱德军的迫害。尽管小心翼翼，但他还是被发现了，最终被逮捕送往德国军用品工厂当苦力,此后一直杳无音信,直到1945年才重新回到家人身边。

1944年的秋天,生活在噩梦之中的荷兰人似乎看到了希望,盟军制定了"市场花园"行动计划,英美两国将陆空联手,向狂妄已久的德军发起反击,而安恒就是计划中所指的"市场"。行动开始后,英国派出了一个师的兵力,美国派出了两个师,他们的目标锁定在荷兰的八座桥梁上,希望打通进攻德军的道路。

计划制订得很周全,但实施起来困难重重,在安恒周围,驻扎着两支德军重武装党卫队,想靠近敌人又避免伤亡,就不得不在距离安恒十公里之外的地方空投士兵,但奈何飞机数量远少于需求,所以单单空投士兵就需要耗费三天时间。

所有士兵就位后,进攻开始了。可惜,英军与美军都不顺利,眼瞅着原计划泡汤,后退是不可能了,只能继续前进。与此同时,德军也没闲着,初冬来临时,荷兰已经被掠夺一空,这是赫本经历过的最寒冷的冬天。战事在继续,胜利遥遥无期,每天都有平民与士兵献出生命,无数荷兰家庭处在家破人亡的状态。安恒之役,德军大获全胜,随后强迫安恒居民全体撤离,九万人不得不背井离乡。

赫本一家人也在撤离的队伍中,他们缺衣少食,挨饿成了家常便饭,要么一连几天没有食物,要么只能吃郁金香球茎充饥。他们住的房子,与其说是房屋,不如说就是废墟,没有暖炉取暖,没有灯光照明,饿了、冷了,只能强撑着,赫本回忆说:"我们住在虚空里——没有生机、没有新闻、没有书本、没有肥皂,但与每天感受到的恐怖相比,这一切都不算什么……"

从安恒被迫离家的人都成了难民,他们流离失所,无衣物保暖,无食物果腹,不少人因为饥寒交迫而丧命。赫本一家虽说居有定所,但情况也并不乐观,到了12月底,家里已经没有任何食物了,这就意味着一家人要在饥饿中度过圣诞节了。

赫本听说睡觉可以抵挡饥饿,于是就想上楼去睡觉,然而,她发现自己连楼梯都上不去。她使出浑身力气往上爬,努力半天却是徒劳。她太虚弱了,因为极度营养不良,她的双腿浮肿,黄疸也愈发严重,甚至有可能因此死于肺炎。

当时,赫本身高170厘米,体重却只有40千克,整个人已经到了瘦骨嶙峋的地步。她回忆说:"我们常常每人每天只吃一片用草做成的面包,配一颗马铃薯烧出来的汤水……如果撑下去,就可以存活——如果活下来,就不会死……我们失去了一切,房子、财产、金钱,但一点也不在乎。如果我们挣扎着活下来,那么这就是唯一的意义。"

过了一段时间,荷兰地下军敲开了赫本的家门,为他们捎来了一些罐头,一开始他们还不知道原因,后来才知道凡是有人质遭枪决的家庭,都会得到几箱食物。罐头吃完后,挨饿又成了日常,赫本怎么也想不到,原来用草还能做成面包,薄薄的一片就是一整天的饭。

1945年5月4日,在赫本16岁生日当天,她爱上了香烟和巧克力的味道。

在窗前,她看见了第一批英国士兵,盟军的到来让赫本获得了暂时的喜悦，她跑出去欢迎的时候，被士兵身上浓重的汽油味和英国香烟的味道所吸引，她觉得这就是自由的味道。她壮起胆子，跟英国士兵要了一根香烟，不会抽烟的赫本被呛了半天。她又要来些巧克力，直接狼吞虎咽起来，饿了许久的胃哪承受得住这一顿，她一下子就大病一场。

希望出现在6月，荷兰陆续接到了国际救援物资，尤其是联合国善后救济总署的物资，也就是后来的联合国儿童基金会，他们带来了紧缺的食物和基本医疗用品，还带来了毛毯、奶粉和咖啡。救援中心就设立在学校中，发放救援物资的工作有条不紊地进行着，赫本不辞辛苦，也跟着一家人一起忙碌着。她说："这是基于'己饥己溺'这个美好的古老观念，这是我所受的基本教养，其他人比你重要，所以（如她的母亲所言）'不要抱怨，只要接受'。"

对赫本来说，联合国儿童基金会就是她的再生父母，她与其他孩子能够扛过寒冬，等来战争的胜利，无疑多亏了联合国儿童基金会的救助。这份情谊，赫本记了一辈子，所以在她暮年之时，她仍旧积极投身联合国儿童基金会的救济工作。

夏末，赫本在女王的召唤下，来到阿姆斯特丹的一间诊所担任义工，负责照料在战争中受伤的士兵。当时，每50名荷兰公民中，就有一人因战争而丧命，活下来的人当中，还有许多伤病员。

正是在这里，赫本认识了泰伦斯·杨，在成为导演之前，他在二战期间是一支英国坦克部队的指挥官，在拍摄影片时，他惊奇地发现原来赫本在二战期间就住在阿纳姆。当时,他指挥的部队肩负着炮轰德军工事的任务,当时阿纳姆城和周围很多村庄都被炮弹打成了一片废墟,其中包括赫本当时的邻居家。后来回到安恒后,他还拍了一部名为《安恒居民》的电影,这也是他的处女作。当赫本迈入演艺圈后,她还在他的《盲女惊魂记》和《朱门血痕》中担任过主演。

赫本和杨之间这种特殊的关联,让他们的友谊延续了一生,杨还总是开玩笑地说:"如果当时我下令再向左瞄准一点,我现在就失去最好的工作搭档了。"其实,赫本无比支持这次炮击任务,因为没有炮击就没有自由,自从他们的住所被炮击过后,德国人就从这里逃走了。

在所有欧洲国家中,荷兰是被德军占领时间最长的国家之一,是最先被德军侵略的国家之一,也是最晚被盟军解放的国家之一。在阿纳姆附近,盟军打赢了解放荷兰的最后一战,这次战役后来被拍成了电影《遥远的桥》。

Part

从泥土中长出希望

很久以后,她跟儿子肖恩提及这段往事时,依旧感慨万千。当时她对未来失去了信心,只想躺在床上等死,她说,"那些在战争和饥饿时支撑她活下去的梦想一下子消失不见了"。

01 / 母亲的决定

走在人生的十字路口,向左还是向右,无疑是最难回答的问题,但越是难以回答,越是必须回答。面对这道难题,赫本写下了自己的答案,没有对错之分。

1946年初,赫本与母亲埃拉结束了义工的工作,一切也都在朝着好的方向发展。

为了新的生活,也为了赫本的芭蕾梦,埃拉在阿姆斯特丹租了一套小公寓。战争之前,埃拉是养尊处优的女爵,但如今,她决定重新开始。为了糊口,她应聘了一份厨师的工作,虽然赚钱辛苦,但是房租以及女儿学芭蕾舞的学费就有了着落。

赫本的芭蕾舞老师是芭蕾舞前辈桑妮雅·盖斯凯尔,她是荷兰国家芭蕾舞团的创立者,而她的老师则是大名鼎鼎的赛吉·狄亚基列夫。桑妮雅第一次见到赫本时,就对眼前这个举止优雅的小女孩心生喜欢,从赫本的眼神中,她能深切地感受到女孩对芭蕾舞的热爱与憧憬。但她也有几点担忧,比如赫本的身材过于瘦弱，而芭蕾舞者需要肌肉力量，再比如赫本已经17岁了，早就过了适合学习芭蕾舞的年龄。

桑妮雅欣赏赫本的魄力与勇气，却给不了她认可，这让赫本备受打击。求学期间，她被沮丧笼罩着，她对自己感到失望，甚至痛恨自己。每天，除了上课的时候，其余时间她都是昏睡的状态，整个人抑郁消沉，没有半点活力。

在她自己眼中，她太高、太胖，又太丑，因为经历过物资极度匮乏的战争年代，经历过缺吃少穿的生活，所以她控制不住地暴食，尤其是巧克力，成为她弥补自己、填补空虚的一种方式。暴食之后，就是发胖，赫本像个气球一样被吹了起来。实际上，1946年秋天的时候，赫本的体重才刚刚68千克，远称不上胖，她的脸蛋、脖颈以及手臂依旧是纤瘦的，也就是大腿和臀部丰满了起来。

沉浸在沮丧之中的赫本，在1946年年底获得了一个重获新生的机会。桑妮雅愿意推荐赫本去伦敦，跟一位同样有名的芭蕾舞前辈学习，但是想要继续学习芭蕾舞就必须减肥，至少减到50千克。只要能继续学习芭蕾舞，赫本可一点也不怕减肥，很快就完成了减肥任务。

来到伦敦后，母女二人在坐落在葛洛佛纳教堂对面的梅菲尔区公寓安顿下来，埃拉成为这里的管理员，负责管理这里的六间平房，承担整理垃圾、洗刷楼梯的工作。对47岁的女爵来说，这份工作着实辛苦，但也足以让她感到愉悦，因为有经济来源、有容身之所，对于劫后余生的人们来说，就足够了。

玛丽·兰伯特就是桑妮雅所说的那位知名同行，确实，在当时的英国古典芭蕾舞坛，这位身材娇小的芭蕾舞者可谓叱咤风云。大名鼎鼎的编舞家菲德列克·阿胥顿、安东尼·都铎、阿格妮丝·德米尔等，都曾是她的学生。更难能可贵的是，兰伯特对学生的提携是不遗余力的，生活中给予他们物质支持，课堂上启发他们的天赋，如果赫本能够得到她的青睐与栽培，将会是一个改变她人生的机会。赫本就带着桑妮雅的一封推荐信来到了兰伯特在剑桥广场新租赁的排演室，准备重燃芭蕾舞梦。

此时的兰伯特虽然已经六十岁了，但她仍旧体态轻盈且富有活力，不仅如此，她还精通多种语言，有很高的文化素养。面对这样的大前辈，赫本努力做到不紧张，将自己的求学经历讲给兰伯特听。兰伯特不仅欣赏赫本的芭蕾梦想，也对她的试跳很满意，不过，考虑到赫本的经济条件，她贴心地建议赫本等到4月的时候再来，因为那个时候，她就能够为赫本提供奖学金，并给她安排一个房间。

长久以来，赫本都是抑郁消沉的状态，如今，兰伯特给了她向往已久的认可，甚至超出她的预期。兰伯特就是她的贵人，是她的伯乐，原本灰暗无光的未来，一下子就被兰伯特照亮了，赫本不再迷茫，开始期待崭新的未来。同时，她放弃了父亲的姓氏，确定了新的名字奥黛丽·赫本。

此时距离4月还有三个月的时间，赫本打算找份工作帮母亲贴补家用，正犯愁不知道干什么的时候，表兄弟从阿姆斯特丹寄来了一封信，说是他的朋友范·德·林顿和约瑟夫森打算拍一部喜剧短片，需要一位临时演员，而赫本正适合剧中魅力少女的角色。思来想去，赫本决定回到荷兰接下这份工作，倒不是真的对演员感兴趣，主要是为了获得收入。

就这样，赫本回到荷兰，进入《荷兰七课》剧组，并在阿姆斯特丹的街道上拍了一天。客观来讲，《荷兰七课》这部喜剧并不精彩，甚至被英国影评家评价说"沉闷老套"。作为赫本的银幕处女作，片尾都没有留下赫本的名字，不过话说回来，赫本在影片中总共也就出现了两次，前后加起来不到一分钟。

从荷兰回到伦敦，赫本开启了疯狂打工的模式，一会儿是兼职模特儿，一会儿是职员，为了分担母亲的辛苦也是很拼的。就这样忙忙碌碌，终于迎来了4月，赫本正式拜兰伯特为师，继续自己的芭蕾梦。

虽说兰伯特按照承诺为赫本提供了奖学金，但与她和母亲的日常开销相比，只是杯水车薪。埃拉除了做职员赚钱，还会去当保姆、卖花、搞装修，总之，能多赚一点是一点。赫本也竭尽所能，把自己的时间安排得满满当当，白天要全身心投入芭蕾课，从早上十点到下午六点，下课之后还要继续工作。

对赫本来说，上课要比工作更辛苦，是身心的双重疲惫。

兰伯特无疑是一位优秀的老师，她能够给学生最好的指导，但同时，她也是一位严厉的老师，学生给她起了个外号——"黄蜂夫人"，因为她骂起人来简单粗暴，与温柔半点不沾边。但严师出高徒，而且学生们也清楚地知道，自己的老师没有半点私心，是在全心全意地帮助他们成为高水平的芭蕾舞者。

赫本就经常挨骂，比如她稍不留神就会弯腰驼背，这在兰伯特看来不可饶恕，她就会用棍子敲她的膝关节。面对老师的体罚，赫本咬牙坚持了下来，她没有忘记自己的梦想是穿着芭蕾舞裙在柯芬园皇家歌剧院跳舞。

02 / 生活在无奈中继续

马克思说过一句话,他说事物的发展是螺旋式上升和波浪式前进的,虽然道路是曲折的,但是前途是光明的。这句话用在现阶段的赫本身上,尤为合适,因为一向刻苦的赫本,很快就迎来了第一次打击。

在夏天即将结束的时候,兰伯特开始准备前往纽澳巡演,她精心挑选了团员。当赫本满怀期待地等着公布自己名字的时候,却发现自己并不是其中一员,这是她怎么也没有想到的结果。就在其他人的欢呼声中,赫本独自落寞,她想不明白自己为什么会落选。

心有不甘的赫本找到老师,询问自己是否有成为首席女演员的机会,对此,兰伯特没有藏着掖着,而是直言不讳地告诉赫本,她是自己最优秀的学生,但她无法成为一流的芭蕾舞者。回到家,兰伯特的话还在耳边萦绕,赫本仿佛听见芭蕾梦破碎的声音,她十分清楚,老师的判断是正确的。她太高了,跟男演员配合的时候，很难完成托举动作；她的肌肉力量也远远不够，技巧也比不上其他女孩。曾经，去柯芬园跳舞的梦想支撑着她熬过战争，在那些饥饿、疼痛的日子里，芭蕾梦就是解药。如今，这个精神支柱轰然倒塌。

可是她的梦想该怎么办呢？战争改变了她，如果她能够在和平的年代长大，就不会忍饥受饿，她的肌肉发育就不会受到影响。与那些可以正常接受芭蕾舞训练的女孩们相比，她毫无竞争力。很久以后，她跟儿子肖恩提及这段往事时，依旧感慨万千，她对未来失去了动力，只想躺在床上等死，她说，"那些在战争和饥饿时支撑她活下去的梦想一下子消失不见了"。

兰伯特给赫本的建议是，虽然不能成为顶尖的芭蕾舞者，但她依旧可以去其他领域寻找属于自己的机会。赫本没有一意孤行，她知道自己需要从芭蕾梦中醒过来了。对她来说，此时的放弃是正视自我后的决定，她无愧于自己的付出，更无愧于母亲的付出。

1948年10月，赫本从兰伯特的家里搬了出来，回到母亲的住处后，她开始计划下一步该往哪里走。考虑到自己会芭蕾，又接触过模特儿的工作，她当下就决定去剧团碰碰运气。这就是赫本，十分清楚自己要什么，也明白要怎么做，而不是顾影自怜、坐以待毙。

就在四处寻觅的过程中，机会已经在悄悄向赫本靠近了。

10月底，备受好评的美国音乐剧《高跟鞋》即将来伦敦进行首演，音乐由朱尔·史戴恩制作，歌词由萨米·卡恩撰写，编舞则是杰洛米·罗宾斯。这是一系列无厘头短剧，已经在百老汇演出了两年，每次演出都能赢得热烈的掌声。演出时，需要40名少女在舞台上配合舞曲跑来跑去，赫本得到这个消息后，第一时间报了名。参加选拔的有3000人，最终选出了40人，赫本就是其中之一。

进入《高跟鞋》剧组，意味着赫本有了暂时稳定的工作，每周可以获得8英镑，钱不多，但赫本该付出的努力一分都没有少。刚刚进组的时候，她还不懂什么是切分音，所以在排演的时候格外用心，她总是比别人来得早、走得晚。经过一段时间的排演后，赫本已然能够轻松应对。

1948年12月22日，在伦敦竞技场剧院，《高跟鞋》如期上演。前后一共演出291场，不夸张地说，场场座无虚席。观众们为这部音乐剧献上了最热烈的掌声，伦敦《每日电讯报》也毫不吝惜赞美之词，称它是"长久以来伦敦最疯狂躁动的舞蹈"，而麦克·赛纳特则是全剧的高潮。

《高跟鞋》好评如潮，虽然对赫本的名字只字未提，但她凭借出色的演出赢得了制作人塞西尔·蓝道的关注，塞西尔·蓝道向她发出了诚挚的邀约，希望她能够参演自己的新音乐剧——《鞑靼酱》。原本，赫本打算跟随《高跟鞋》剧组进行巡回演出，但经过一番思考后，她还是选择参演塞西尔·蓝道的新剧。这部短剧一共有5名舞者，她就是其中之一，还有几句台词。

对于音乐剧新人来说，这样的机会属实难得，赫本倍加珍惜。塞西尔·蓝道的眼光太独到了，哪怕是在人群之中，也一眼相中了赫本这个有韧性、肯付出的姑娘。或许塞西尔·蓝道也没有想到，赫本正走在一条通往星光大道的路上。

虽说只是在剧组跑龙套，但赫本的表现也足以让人眼前一亮，这也意味着她正式进入了演艺界。

塞西尔·蓝道的《鞑靼酱》，新鲜有趣又优雅，不仅备受观众欢迎，就连挑剔的剧评家都赞不绝口。在剧中，赫本扮演的角色有瑜伽学生以及古典芭蕾舞者，哪怕只是配角，也给观众留下了深刻的印象，有观众点评她，说她"表现突出，活泼奔放，她的舞蹈如小飞侠彼得·潘般灵动敏捷，虽然聚光灯总是在别人身上"。

对于赫本的表现，其他演员也是大加赞赏，知名音乐剧明星杰西·马修斯就说，"我们都注意到奥黛丽的潜力"，夸赞她"有一种难以言喻的可爱特质"，对于蓝道的安排，他很满意，甚至预言说"她迟早会成为明星"。时尚摄影安东尼·波尚负责记录《鞑靼酱》的制作过程，他接触过费雯·丽和葛莉泰·嘉宝等大明星，但他认为赫本更有明星的感觉，在他看来，她有一股清新感，还有性灵之美。北欧舞者奥德·约翰森甚至豪放地表示："我有舞台上最大的胸部，但大家却看着那个什么也没有的女孩！"

人人都知道机会留给有准备的人，却不是人人都在为了机会时刻准备着，而赫本就是那个时刻准备着的人。正如兰伯特对她的评价，在任何领域她都可以获得自己的一席之地。

不管是观众还是同台表演的演员，在他们眼中，赫本都是格外醒目的那一个，她的一颦一笑都那么古灵精怪，如此可爱的姑娘怎会不惹人喜欢呢！但在赫本看来，其他女孩是那么完美，而自己实在很丑。她认为自己的演技不够流畅自然，上台之后又会过分紧张，导致频繁出错，出错之后为了弥补，又总是做些多余的小动作。

与赫本同台的鲍伯·蒙克浩斯，在日后成为知名谐星，他评价说："就舞蹈而言，奥黛丽的表现最差。如果她是个好舞者，其他女演员就不会那么不喜欢她。她们喜欢舞台下的她，但不喜欢她上舞台，她们觉得只要她一上场，观众就会着迷；她的表演十分可爱，一颦一笑都让人屏息。后来她学会少做一些古怪的小动作。"

赫本对自己向来要求严格，又总是不够自信，此时的她依旧默默无闻，但她迟早会成为闪闪发光的明星。

03 感情小风波

爱情有苦有甜，从没有恋爱过的赫本，也渐渐春心萌动。

蓝道对剧团成员的要求之一，就是彼此保持绝对的工作关系，换句话说，就是不支持团内恋爱。但是，就在他眼皮子底下，赫本与马塞尔·勒朋陷入了爱河。

马塞尔·勒朋是法国歌手和词作者，有着英俊的外表和独特的魅力，他率先追求赫本，天真的赫本一股脑就陷了进去，两个人很快就确立了恋爱关系。这可愁坏了蓝道，他不希望因为赫本与勒朋的恋情让剧团的声誉受损，于是他劝赫本不要执迷不悟，最好在恋情被曝光之前火速结束这段关系。

当时，剧团上下都秉承一个理念，那就是要将最完美无瑕的形象展现在公众面前，媒体也会尽量配合，对行为不检点的私人生活选择性视而不见。演员结婚或离婚，都可以正常报道，如果是情侣的话，为了维持演员良好的形象，也只会提及约会或是订婚的事。

蓝道试图让赫本明白，此时的她应该放弃这段感情，但赫本岂是能轻易被左右的人。在两个人热恋期间，赫本时不时就收到信件以及鲜花，就这样，爱情在悄悄继续着。

一年中，《鞑靼酱》共演出433场，赫本在一场又一场的演出中磨炼着自己的演技。除了《鞑靼酱》，她还参加了一部儿童剧，在不知不觉间，她已经正式开启了舞台剧演艺生涯。

后来，为了延续《鞑靼酱》的热度，蓝道开始准备它的续集《开胃酱》，同样是趣味短剧，赫本扮演一个穿着金色舞衣的香槟精灵，在这部剧中，她获得独舞一曲的机会。但可惜，这部以讽刺当时的电影和剧本为内核的滑稽剧，在1950年4月27日首演后，并没有获得太好的反响，所以在上演两个月后就结束了。

蓝道没有就此放弃，他将《开胃酱》精简改编为《夏夜》，并带着他喜欢的演员来到席罗兹俱乐部演出。对此，蓝道有着自己的小心思，他带来了赫本，却没有邀请勒朋，就连赫本也没有意识到其中的玄机，她只顾着拼命工作，时常要加班到凌晨三点，根本顾不上与勒朋谈情说爱。

距离有了，感情也就淡了。得不到回应的勒朋，在不久后就移情别恋，开启了新的恋情。赫本得知自己的恋人有了新欢，曾经的甜言蜜语统统成了过去，伤心是真的，但工作的忙碌也没有给她太多伤心的时间。但从此，她也养成了抽烟的习惯，尤其对金片牌香烟情有独钟。

赫本原本没打算告诉埃拉自己恋爱的事，但埃拉也是过来人，怎么会看不透，她本来就担心勒朋的工作不够稳定，女儿嫁给他不会幸福，谁知道他根本禁不住时间的考验，还没遇到什么磨难就自动离开了。

在《开胃酱》中，赫本与谐星蒙克浩斯再度合作，这让蒙克浩斯对这个小姑娘有了更深的认识。"她给人一种印象：'我在这个世界上孤单无助，需要你来拯救我。'人们在不知不觉中立刻响应：'我会保护这个可怜的小家伙。'"他说。

确实，赫本身上散发着独特的孤独感，这是她的一种特质，而在她内心深处，她也时常认为自己孤身一人、无依无靠，但也正是这种忧郁造就了她的清醒，她有足够的忍耐力去对抗自身的忧郁以及对外界的恐惧。

发现赫本与众不同的人，绝不是只有蒙克浩斯，还有作家兼导演索洛德·狄金森，在观看了《开胃酱》后，他发现了赫本。当时，他正在寻觅演员来拍摄《双姝艳》，这是一部间谍惊悚片，赫本正符合剧中的一个重要角色，既年轻又充满活力，而且这个角色有芭蕾舞表演的戏份，正是赫本的强项。所以在赫本演出结束后，他赶紧找到她，并向她发出试镜的邀请。导演马里欧·赞比也关注到了赫本，打算邀请她参加自己准备在秋天开拍的一部喜剧，甚至觉得有了赫本，这部影片会获得更好的效果。

不得不承认，此时，赫本的演技还是非常青涩的，舞台表演经验也不够丰富，但赫本的进步肉眼可见。她举止优雅，眼神清澈，又有着常人难以匹敌的刻苦，外表看似柔柔弱弱，实则有一颗强大心脏。

为了快速提升自己的演技，让自己不错过好的电影表演机会，赫本决定对戏剧表演进行系统的学习。经过一番精挑细选之后，赫本决定向著名演员菲利斯·艾尔玛学习。菲利斯·艾尔玛将莎士比亚和萧伯纳的作品诠释得独一无二，对现代戏剧和流行电影有着超乎常人的理解。

菲利斯·艾尔玛教会赫本很重要的一点，就是要把心放在言行举止上，表演最重要的是姿势和动作。在几个月的学习中，针对表演的姿势、动作以及语调发音等问题，赫本用心钻研，反复练习，在菲利斯·艾尔玛的指导下，可以说进步神速，对此，菲利斯·艾尔玛也赞不绝口。

菲利斯·艾尔玛作为德高望重的前辈，遇到赫本这种肯用心又有天赋的后辈，自然是十分欣赏，所以他推荐赫本参加了好莱坞宗教史诗片《暴君焚城录》的试镜。当时，为了找到合适的女主角，剧组前后花了三个月的时间，试镜了数百个女孩，当赫本前来试镜时，这部电影的导演马文·李洛伊本以为找到了理想的人选，但奈何电影公司没有通过，导演也不得不放弃选用赫本这个新人，最后不得不将这个角色给了黛博拉·寇儿。

错失这次女主角的机会，只是短暂的遗憾，因为赫本大放异彩的机会还在后面呢。

04 / 伯乐不常有

俗话说，千里马常有，而伯乐不常有。导演罗伯·李纳德，时任联英影业（ABPC）的选角主任，可谓赫本的伯乐。

联英影业可着实不简单。当时英国最著名的艾斯特里制片厂就是联英影业的，此外，当时英国最大的连锁影院ABC电影院也归属于联英影业，可以说是实力雄厚。如果说作为演员，能够得到联英影业的青睐并得以签约，就是一种无上的认可。

联英影业创立于1927年，创立人是约翰·马克斯韦尔，不过他的经营并不顺利，公司一度破产，直到1950年，联英影业的另一位老板——华纳兄弟的杰克·华纳，通过华纳兄弟的影响力，重振联英影业。

李纳德认为赫本前途无量，一再建议她与联英影业签约，但是赫本考虑到自己还年轻，未来一切皆有可能，不愿意过早地被一家公司束缚住。但是，此时的赫本还需要身兼数职来维持生计，签约也未尝不是一种暂时的生活保障。最终，赫本从最初的不情愿，到最后签了三部片约，而且第三部的酬劳直接飙升到了1500英镑。

签约联英影业后，赫本拍的第一部影片名为《野燕麦》，片酬是500英镑。其实这部影片并不属于联英影业，而是另一家公司。在这部并不叫座的影片中，赫本依旧是跑龙套，饰演一位旅馆接线生，她穿着时髦的衣服，用夸张的语调说着台词，"丽晶酒店，您好……谁？……吉尔比先生？……喔，嗨，弗雷德！"在不到二十秒的时间中，观众对这个小姑娘可能没有任何印象，但赫本令饰演旅馆接线生前男友的霍洛韦眼前一亮，他甚至断定赫本将来会大红大紫。

第二部影片是《天堂笑语》，由赞比执导。联英影业在片首特别介绍了薇若妮卡·赫斯特和奥黛丽·赫本，赫本作为新星出现在了影片中。这一次，她饰演一个卖烟的女孩，在短暂的排演和拍摄后，她又完成了一部片约。

第三部影片是亚历·坚尼斯的喜剧《械劫装甲车》，赫本饰演奇姬塔，也就是坚尼斯的情妇，同样还是跑龙套，她娇滴滴地说了一句"喔，你真好，谢谢你"，随后接过一把现金，优雅地转身离去。

三部影片，不过都是稍纵即逝的镜头，但着实为她带来了丰厚的收入。当时，母亲处在失业状态，赫本扛起了生活的重担，不管她满不满意这几部片子，都不得不选择履行片约。后来，赫本与联英影业又签了三部片约，这个时候她的片酬已经涨到了2500英镑。

如果说之前都是标准的龙套角色，那么接下来的幽默电影

《少妇故事》，就是龙套角色的升级。在影片中，赫本饰演一位单身打字员，长相甜美，但整天神经兮兮，在她看来，但凡出现在她面前的男人都不是好人，比如陌生的路人，她觉得对方是在跟踪她；比如在餐厅用餐的客人，她觉得对方会对她进行攻击。整体来讲，角色不讨喜，题材也不讨喜。

在拍摄过程中，赫本也有一肚子委屈。当时，她与其他演员，包括明星乔安妮·格林纳达、纪·米德尔顿、阿西娜·塞勒、伊莲·韩德在内，都会刻意假扮上流阶级的口音，以此创造喜剧效果。但导演亨利·卡斯经常批评赫本的口音虚伪，没有任何喜感。

片场，除了导演对赫本挑剔以外，其他演员对赫本都很友好，甚至会帮她说话。对于导演故意挑毛病，赫本只能忍让，这也成为她拍片以来唯一不愉快的经历。虽说影片没有获得成功，但赫本的表现被看到了，美国剧评家波斯利·克劳瑟称赞赫本非常努力。

导演索洛德·狄金森之前在观看《开胃酱》后，就有心邀请赫本参演《双姝艳》。影片的故事发生在20世纪30年代的英国，玛利亚和诺拉姐妹二人为了逃避政治迫害，不远万里前往英国投奔父亲的好朋友，但随后就传来父亲在家乡被害的消息。姐妹二人强忍悲痛继续生活，加入英国国籍，准备在这里定居。安稳的生活持续了七年，直到玛利亚和前男友再次相遇，并从前男友口中得知杀害父亲的凶手即将前往伦敦参加活动，为了给父亲报仇，玛利亚决定加入前男友的暗杀行动。结果暗杀行动失败，还造成无辜的伤亡。警察将他们逮捕后，玛利亚作为线人，改头换面，以新的身份、新的形象继续生活，但此时的诺拉以为姐姐已经死了，直到姐妹重逢。

1951年2月23日，赫本正式为片中角色诺拉试镜，除了她之外，还有10个人与她同时竞争这个角色。当她试镜结束后，导演就宣布，赫本是他们的第一选择。对于赫本的表现，在场的人都一致认为她"有特质"，最终，赫本成功拿下了这个角色。

在拍摄时，赫本淋漓尽致地将自己的特质表现了出来，那就是没有技巧的技巧。她本身就是一个天真正直的人，凡事坦荡，毫不做作，在演绎角色的时候，这种自然的表达也就成了特色。不论是悲伤、震惊，还是体贴和沮丧，她都能通过简单自然的眼神和动作表现出来，那微微张开的嘴巴、短暂的迟疑以及深邃的眼神，都能轻松触达观众的内心。

片中，诺拉在舞台上跳舞，炸弹突然爆炸，逼真的设计多少会影响演员的状态，但赫本没有受到影响。或许，比起在安恒时所经历的炮弹齐飞，此时再以假乱真的道具也不过是浮云。她全身心投入角色中，调动起全部感官来表达情感的层次变化。在此之前，赫本拿到的角色都是跑龙套的，也不需要什么技巧，但这一次，难度直线上升。不过，狄金森表示，赫本的特质已经自然而然地显露出来，不需要向她解释光影，不需要教她任何技巧，任凭摄影师去捕捉即可。

《双姝艳》上映后，英美影评家高度认可了赫本，他们都说："奥黛丽的美貌结合了演技，在两段舞蹈场景中的表现特别杰出。"至此，赫本完成了一个重要的角色。

Part

天使降临好莱坞

赫本说:"我想把这一切都当成发生在别人身上,从客观的角度了解自己的价值和对公司的贡献。我总是追求前方的事物,若算得上有成,是因为我抓住每一个机会,而且非常努力。没有任何成就是轻松得到的。"

01 忙碌的女演员

当爱情来敲门的时候,谁会假装不在意呢?

1951年的赫本再次遇见了爱情。在联英影业赞助的一场鸡尾酒会上,詹姆斯·汉森闯进了赫本的视线。在赫本的圈子里,帅气的男性不在少数,但詹姆斯是很特别的那一个,他身高1.93米,站在人群中十分出众。英俊也就算了,还多金,作为卡车业巨子的继承人,他的身家有数千万英镑。

毫无疑问,詹姆斯魅力十足,而且他当时28岁,赫本才21岁,一个成熟,一个青涩,詹姆斯懂得如何让女性为之倾倒。在影坛相关的各种宴会上,詹姆斯早已轻车熟路,一眼望去,就已经锁定猎物了,比如艾娃·嘉娜、珍·西蒙丝和琼·考琳丝,都曾是他的追求目标。当同样与众不同的赫本出现在他眼前时,就已经被他锁定了。被有魅力的人青睐,本身就是一种幸福,赫本很快就沉浸在被爱的幸福中。

好在赫本并不是恋爱脑,她没有把事业放在一边只顾着谈恋爱，相反，对待事业，她是一如既往地认真。

这一年春天，在制作人兼乐团指挥雷·旺图拉的邀请下，赫本出演了英文名为《蒙特卡洛宝贝》、法文名为《我们去蒙特卡洛》的喜剧片。她之所以能参演，是因为雷·旺图拉特意向联英影业借用了她，但赫本在整个拍摄过程中并不开心。

在法国的海边，《蒙特卡洛宝贝》匆忙之间就开机了。因为要拍英语和法语两版，所以相当于拍了两部片子，不过对赫本来说，英语和法语都是小菜一碟，所以在这两部影片中，她是唯一一个同时饰演两部影片的演员，其他角色则都需要更换不同的演员来完成。

《蒙特卡洛宝贝》的故事情节过于简单，最终不叫座也在情理之中。作为配角，赫本忙着跟两个拍摄班底合作，但忙碌并没有驱散她的多重烦恼。感情上，她与詹姆斯·汉森毕竟处在热恋期，正是难舍难分的时候，所以分隔两地也就多了份相思之苦。与此同时，事业上，她一直在担心为了这部片子离开伦敦，万一错过其他更好的机会怎么办。

好在赫本的运气不算差，在法国碧水蓝天的地方，遇到了新的转机。当时，她正在巴黎大饭店进行拍摄，戏份要求她蹦蹦跳跳，她投入了最好的状态和情绪，正巧，法国国宝级女作家西多妮·加布里埃尔·科莱特正坐在轮椅上，由她的丈夫推着路过片场。

西多妮·加布里埃尔·科莱特从第一部作品——《克罗蒂娜上学》开始，就引来了无数人对她的非议。她的灵感取自回忆，那些丰富多彩的亲身体验成为她创作的素材，但又不能将她的作品简单地理解为个人传记，其作品对传统的反抗，对社会的批判，更为震撼人心。

遇见赫本的这一年，科莱特已经78岁了，别看年岁已高，又因为关节炎而行动不便，但她整个人精神矍铄。这期间，她正在为自己的小说《琪琪》挑选演员，在片场与赫本的一面之缘，让她认定眼前这个充满活力的姑娘就是她苦苦找寻的人。

第二天，科莱特就向赫本发出邀请，希望有幸请她来套房畅谈。科莱特开门见山，直接问赫本愿不愿意出演《琪琪》，赫本考虑到自己一直以来都是以舞者的身份出现在台上，从来没有在台上说过话，所以第一反应就是拒绝。科莱特则安慰她说，作为努力奋斗的舞者，她应该可以办得到。随后，赫本现场念了几段台词，又就旅游、美食、音乐、情史等话题和科莱特聊了许久。

赫本和科莱特十分投缘，临别时，科莱特还将自己的签名照作为礼物送给赫本，甚至用心地签下"给奥黛丽·赫本——我在海滩上发现的珍宝"，可见科莱特有多喜欢赫本。

《琪琪》发表于1945年，1948年被拍成了电影，1951年，舞台剧本在美国小说家兼剧作家安妮塔·鲁思的改编下也接近尾声，制片家吉尔伯特·米勒也已经签下了乔治·库克来担任这部电影的导演。在为女主角琪琪挑选扮演者时，可谓大费周章，百老汇的几乎所有女星都来试过镜，但经过一轮又一轮筛选后，始终没能找到合适的人选，在没有得到科莱特的认可前，饰演琪琪的女演员也始终没能确定下来。

就在选角负责人鲁思一筹莫展之际，她接到了科莱特丈夫发来的电报，主要就是为了告诉鲁思先不要定人选，一切等她的消息。随后，鲁思又收到了科莱特丈夫的来信，信中写道："科莱特和我刚才看到在蒙特卡洛拍片的一位年轻英国女演员，科莱特一看到她就说她很适合饰演琪琪。希望你们在没有看到她之前，先别急着决定琪琪的人选……我想她没什么舞台经验，但她很漂亮，而且有这个角色需要的淘气特质。"

随后，鲁思就从伦敦赶到塞佛利饭店来见赫本，简单交谈后，他们就决定将琪琪这个角色交给赫本。在鲁思看来，赫本的表现并不是很好，但贵在她愿意尝试，而且科莱特对赫本大加赞美，所以这个角色一定是属于赫本的。面对这个千载难逢的机会，赫本也很坦诚，她表明了自己的顾虑，坦白自己还没有做好担任主角的准备，不过她说这些并不是为了拒绝这个角色，只是想让彼此都有更深入的了解。

在接下琪琪这个角色之前，赫本兴致勃勃地乘坐火车来到伦敦的维多利亚车站，在这里，詹姆斯正在等她。许久未见的一对小情侣，手挽手来到乡间度过了一个愉快的周末。

一切都进展顺利，鲁思他们等到了女主角，虽然库克因为正在忙着其他影片而无法执导，但法国舞台剧导演雷蒙·胡勒接下了这份工作，加上赫本精通法语，所以导演和演员之间的沟通也没有任何障碍。赫本不仅工作顺利，爱情也足够甜蜜。詹姆斯对赫本用情极深，他向赫本求婚，赫本欣然应允，两个人计划着在不影响工作的前提下,定于明年6月就正式结为夫妻。

　　这个时候,赫本还属于默默无闻的小演员,如果《琪琪》大火的话,她就能够凭借这部影片跻身一线,成为明星,一切都充满希望。

02 / 青涩的演技

就在赫本为前往美国而兴奋不已的时候，事情的发展又有了新的变化——更好、更令人期待的变化。

9月，李纳德给赫本打来电话，给她带来一个好消息。原来，派拉蒙伦敦办事处的选角人理查德·米兰德联系了李纳德，希望他帮忙为一部新影片寻找女演员，而这部影片就是赫本的封神之作《罗马假日》。

所谓慢工出细活，《罗马假日》的剧本前前后后写了5年多，主要讲述了一位厌倦了宫廷生活的公主偷跑出来，在罗马自由自在地观光游览了24小时，意外与一名美国记者相遇并相爱的故事。

在剧本还没完全写完的时候，导演威廉·就拿到了剧本，看过之后就决定要执导这部影片。威廉·惠勒可不是一般的导演，他的加盟就是一种水平的保障。

1925年，威廉·惠勒开始担任导演，十余年后，由他执导的战争电影《忠勇之家》斩获第15届奥斯卡金像奖最佳影片奖,他则荣获了最佳导演奖。1976年,他还获得了美国电影科学与艺术学院颁发的终身成就奖,业内对他有着极高的赞誉,评价他的作品"格调高、技术水平正统,不论拍摄哪一种类型的影片,都能保持较高的艺术水平",除此之外,他还是一位善于培养演员的导演,这对演员来说,可遇不可求。

除了技术一流的导演,《罗马假日》还确定了由大明星格利高里·派克出演男主角。1944年,格利高里·派克正式出道,1947年就获得了第4届美国金球奖最佳男主角奖。在银幕之上,他塑造了许多正派的形象,在生活中,他也是如此,慷慨大方,幽默风趣,性格坚韧,难能可贵的是,在好莱坞的大染缸中,他自始至终都不曾改变初心,从未有过任何丑闻,可以说是好莱坞的一股清流了。

知名导演与知名演员的搭配,让李纳德十分期待赫本能够出演女主角,他约惠勒和赫本在克莱瑞吉饭店相见。第一次见面,赫本就给惠勒留下了不错的印象,她机警聪明又才华横溢,而且《罗马假日》中的公主一角,正需要一位说话没有美国腔的演员。惠勒对赫本十分满意,但赫本对此全然不知,她甚至很茫然,不知道自己该如何表现。

9月18日,是赫本为《罗马假日》试镜的日子,她身穿白睡袍,在侍女的服侍下准备上床睡觉,她需要表演公主抱怨宫廷生活乏味无趣。试镜结束后,惠勒让试镜导演继续拍摄,这是赫本并不知道的事情,在她看来,试镜已经完成了,她还满脸期待地询问自己表演得好不好、可不可以。

　　随后，赫本换上日常的服装，在片场与导演开始聊天。导演的问题像连珠炮一样，从赫本的工作问到战争期间她在荷兰的生活，实际上，导演就是想要捕捉最自然、最放松的赫本，这也是赫本之后才知道的。

　　凭借毫不矫揉造作的演技，赫本获得了惠勒的认可。作为男主角的派克，也拥有决定女主角的特权，在看过赫本的试镜后，他也觉得不错。同时，派拉蒙的主管唐·哈特曼也表示，"我们都被她迷住了"，并且要求马上和她签约。就这样，在10月15日，派拉蒙带着拟好的合约来到赫本的公寓。合约的内容是，赫本要在规定时间内拍摄七部影片，每拍摄一部影片后可以休息一年，休息期间可以继续从事舞台和电视表演。对赫本来说，她初入影坛就可以同时签下百老汇和电影女主角的合约，这可是相当不错的。

　　10月末，赫本只身一人乘船来到纽约，就在来的路上，赫本敞开胃口大吃起来，以至于抵达曼哈顿码头的时候，她已经胖了十多斤，简直"胖"若两人。

　　在开始减肥之前，赫本首先要做的就是找一间旅馆安顿下来。随后，她来到演员们首选的第58街的黑石饭店。赫本选中了一间套房，但每天15美元的房费让她难以承受，她向经理表示，她只能接受9美元的价格。原本经理还是爱莫能助的样子，可几分钟之后，赫本就顺利地以9美元的价格找到了栖身之所。

　　后来，回忆起这件事，经理说："我无法解释她是怎么让我改变主意的。她没有讨价还价,这样优雅的女孩怎么可能讨价还价!她只是说话、微笑,我就不知怎的觉得自己根本没有理由一天收她15美元。"

身材已经走样的赫本,减肥是当务之急。戈特里布全权负责赫本的减肥计划,势必要让赫本恢复到以前轻盈灵动的样子。想减肥就要管住嘴、迈开腿,赫本每天去丁提摩尔餐厅就餐,每顿饭都是鞑靼牛排。这个爱尔兰酒馆,时而喧闹,时而安静,赫本整个人都能放松下来。

事实证明,鞑靼牛排简直就是为了减肥而生,被称为世界上最难以下咽的牛排。它的做法相当简单,就是生切牛排搭配盐、现磨的胡椒粉、塔巴斯科辣椒酱、喼汁等调料,除此之外,必不可少的还有一个生鸡蛋,所以鞑靼牛排又叫野人牛肉。从小胖子到小仙女,赫本只用了一个月。后来,在《金粉世界》的演出结束后,她依旧喜欢和三五好友到丁提摩尔餐厅吃夜宵,水波蛋、腌牛肉汉堡,再搭配一杯比利时啤酒,足以让她心满意足。

在富尔顿剧院,赫本和其他演员一起排演,遇到了一位良师益友——演员凯瑟琳·奈丝比特。她是一个善良又有耐心的人,在排演时多数时候是用法语,她就帮其他人翻译。对赫本,不论是影片中还是现实生活中,她都给予了很多帮助。尤其是在表演方面。与其他经验丰富的演员相比,赫本缺乏舞台经验,完全是一个新人的状态,所以排演时她全靠本能,终日惶恐不安。

奈丝比特回忆说,"她吓坏了,对念台词毫无心得,也不知道如何揣摩角色,就像一头瞪羚般在台上乱窜",虽说演技堪忧,但在奈丝比特看来，赫本有很宝贵的观众缘，只要她一上台，就自然而然地将观众的视线吸引了过来。

为了让赫本尽快适应舞台表演，奈丝比特会在早上及晚上单独给赫本开小灶。没有台词功底，那就反复去读台词，努力去了解角色，从而练习合适的语调发音。她像一个虔诚的学徒，付出所有努力去研究每一个细节，最终的效果是显而易见的。

排演期间，还发生了一件让赫本心有余悸的事情。

结束了一天的排演后，赫本先是来到丁提摩尔餐厅吃了晚饭，随后心满意足地回到酒店，谁料突然有个人从18楼跳了下来，先是撞到了她的窗台，后又重重摔到了地上。独居的赫本被吓坏了，一时间泪流不止，颤抖着来到门外，敲开了隔壁邻居戴维·尼文夫妇的门，在这对夫妇的安慰下，赫本才有胆量度过这个不眠之夜。正巧，戴维·尼文夫妇也是演员，从这一夜开始，他们成了好朋友，这段友谊延续至赫本的生命尽头。

一番努力下，《金粉世界》开始预演，但不论是观众还是剧评家，都没有表现出太多的热情。在开局不利的情况下，11月24日，第一场演出即将开始。

演出当天，赫本与奈丝比特相约一起前往富尔顿剧院，一路上，她脸色苍白，身体也微微发颤，这都是太过紧张的表现。

演出过后，《金粉世界》反响平平，但赫本终于不再是默默无闻的小透明了。

《纽约时报》的布鲁克斯·艾金森评价赫本说："她是有魅力的年轻女演员，规规矩矩而才华洋溢，应该在美国好好磨炼，在好剧本中做适当的发挥……（她）是本剧中清新的成分，就像琪琪一样，从第一幕中的生涩笨拙发展到最后动人的高潮，表演自然不做作，流畅慧黠而扣人心弦。"

另一位剧评家写道："直率的天真和小男孩般的机智，她的表演为窒息的一季吹来一阵清新的风潮。"

第三位剧评家赞美她："无可置疑的美和才华，她不敢放松，但表现优雅专业。"

诺尔·克华德则不这么认为，他毫不客气地评价说，"《金粉世界》全剧夸张，剧本蹩脚……奥黛丽缺乏经验，而且太聒噪；整体而言，导得不好"。

有评价就说明有被看到，能被人指名道姓地称赞或是批评，对一个演员来说，都是一件好事，而非坏事。

03 / 世界为之疯狂

被全世界爱着，是一种什么感觉？一夕之间，赫本就体会到了。她的名字变得耳熟能详，她的一举一动开始备受关注，她成了闪闪发光的女明星，全世界都为之疯狂。

在影片中，赫本凭借不俗的表现获得了如浪潮般的掌声，她让银幕上的角色变得如此鲜活，仿佛她就是角色本身。一向挑剔苛刻的剧评家们，也对赫本毫不吝惜赞美之词，他们想方设法来赞美这颗新星。然而，面对剧评家的喜欢，赫本受宠若惊，诚惶诚恐，而且依旧极度不自信，她没有看到自己的进步，像认死理一样地认为自己的演技差极了，面对记者也毫不避讳地提到自己的缺点，念叨着要提升演技。

但周遭的一切都在说明，她真的被大家看到了，她已经成为名副其实的百老汇明星。她有了自己的粉丝，有了愿意站在她身后追随她的人，也有了见到她会忍不住呼喊她名字的人。

新年开始时，全美各杂志像是约好了似的，纷纷用赫本的照片作封面。登上杂志封面可是许多女明星梦寐以求的事情，而且从登上杂志封面数量的多少上也能看出她们的受欢迎程度。有一本叫《生活》的杂志，显然对赫本格外偏爱，不仅对她进行了跨页报道，还一口气用了五张她的照片，并将她称为"熠熠红星"，可见她确实凭借《金粉世界》一鸣惊人。

毫不夸张地说，赫本出现在哪里，哪里的人们就会被她迷倒，由衷地爱上她，哪怕是纽约曼哈顿的人们，即便对明星早已司空见惯，他们依旧会期待赫本的到来。有了名气，随之而来的就是忙碌，应酬也明显多了起来。在经纪公司的安排下，她需要参加各种晚宴及媒体活动，要应付许多以往未曾经历过的场面，人们会争先恐后地送来鲜花，并兴奋地向她索要签名，但凡她一出现，就会成为人们追逐的目标。人们爱她，用全部的热情呼喊她的名字。

与她的备受追捧相比，其他演员就显得格外冷清，好像所有人都是冲着她来的，大家忽视了还有其他演员的存在，这也是赫本非常担心的事情，她不希望自己抢了其他人的风头。她声名远播，却并未因此洋洋自得，而是始终保持着一颗谦逊的心，或许，许多人就是深爱着她的这份谦逊。

直到5月，《金粉世界》一共演出219场，可以说完美落幕。演出会散场，但赫本的星光大道才刚刚开始。

赫本成了大忙人，但她没有忘记自己的爱情。即便分身乏术，赫本也会忙里偷闲，在周末搭乘飞机前往多伦多与汉森见面，两个人你侬我侬地度过一场甜蜜的约会后，她会赶在周一返回。在采访时,有些记者也会询问她是否可以和汉森一起拍照,但赫本坚决不同意,她想将事业和爱情分开,或许这样才能确保爱情的纯粹以及事业的独立。

面对事业,她始终谦卑;面对爱情,她努力保持着清醒。有人说她贪心,又想要事业,又想要爱情,人生在世怎能全部如愿呢?但是,事业和爱情并不冲突,如果一个人无法两全,那只能是自己的问题。至于赫本的事业和爱情,在未来会有一个人出现,让她一边享受被爱,一边尽情耕耘事业。

晚间综艺节目《小城市大人物》是赫本第一次出现在荧屏上,她饰演《九日皇后》中的格雷郡主。在有了电视节目的演出经验后,赫本又参演了现场电视剧《雨天在天堂路口》,饰演一个等火车的16岁小女孩。别小看这两部剧,全部都是为她量身打造的,因为她才有了这两部作品,尤其是《雨天在天堂路口》,让赫本有机会展现古灵精怪之外忧郁的一面。

当她登上舞台的那一刻,世界的光都聚焦到她身上,此刻她是赫本,也是这个跛脚的小女孩,一样渴望在好莱坞电影中担任舞者,一样有着芭蕾舞梦。她忘乎所以地跳起舞来,但一切却如梦幻般结束了,最终小女孩等来了火车,回到了小城市。赫本在这短短的剧情中,融入了太多内心的情感,这个小女孩是她,又不是她,小女孩的梦结束了,而她的梦还在继续。

在赫本被掌声和鲜花围绕的同时,母亲埃拉来到了女儿所在的城市,母女二人相拥在一起。埃拉对赫本说:"亲爱的,对毫无才华的你来说,你表现得很好。"显然,这番话不如不说。对本就不自信的赫本而言，她需要的是真心的鼓励与坚定的支持，可最亲近的母亲却给不了她所期待的一切。

汉森与埃拉不同，他倒是不吝啬赞美之词，甚至恨不得带着赫本走遍全世界，去宣告赫本是他的未婚妻。被甜蜜包裹的赫本，与汉森一起度过了圣诞节，并收到了未婚夫的礼物——一枚翡翠钻石白金戒指。

在母亲与未婚夫之外，亦师亦友的奈丝比特才是赫本的力量之源。奈丝比特是受人敬仰的前辈，但没有半点傲慢，反而平易近人。尤其对于敏感又自卑的赫本来说，奈丝比特总能在最恰当的时候给予她鼓励，又在她需要点拨的时候，直言不讳地指出她的不足。巧的是，奈丝比特也有一个女儿，与赫本年龄相仿，或许在奈丝比特心中，已经将赫本当作了另一个女儿。

赫本将奈丝比特视为人生导师，热切地爱着这位受人尊敬的女士，让赫本欣喜的是，奈丝比特也积极回应着她。这就与埃拉不同，作为母亲，她同样爱着赫本，却不懂得如何回应。可以说，奈丝比特弥补了埃拉没能给赫本的情感呵护。

再坚强的人，也渴望得到与众不同的偏爱，那是一份可以对抗苦难的力量。常说母爱伟大，但作为人类也难免会有性格上的缺陷，如果不能凭借自己的努力加以矫正，那么对于亲近的人来说，或许就会成为一种遗憾，一种难以愈合的伤口，即便内心无数次说着"我爱你"，但如果行动上很少表露的话，也会失去许多爱意。

04 / 为《罗马假日》做准备

多少人奋斗一生，最终却不得不接受籍籍无名的命运，或许是时运不济，或许是天赋一般，或许是努力不够，总之，拼搏之后也不过是一场空，能够一鸣惊人或者成功的人，毕竟是少数，赫本就是其中之一。不论是时运、天赋还是努力，她都是出类拔萃的，所以她的成功并不是偶然，也绝对不是单纯依靠运气。

《金粉世界》大获成功，眼看着跟《罗马假日》约定好的拍摄日期没办法赶上了，派拉蒙不得不同意推迟《罗马假日》的拍摄计划。

在一天又一天的等待过后，终于在5月，等来了《金粉世界》演出落下帷幕的消息，赫本准备在6月前往罗马，同时剧组也承诺会在9月底完成所有拍摄，以便让赫本能够顺利参加《金粉世界》的全美巡演。赫本每一天都处在极度忙碌的状态，她没有太多空闲时间处理自己的私事，所以思量再三，她决定将婚期延后，怎么也得等拍完《罗马假日》再说，也就是暂定的9月底。

或许是上天眷顾赫本，让原本渴望婚姻的她推迟了成为汉森妻子的日子，在之后的日子里，她会明白这是一个正确的选择。

从6月1日开始，赫本就正式加入《罗马假日》剧组了。作为女主角，她前后一共有12周的拍摄时间，这份工作可以为她带来7000美元的薪酬，此外每周还有250美元的生活费。对于那个时候的赫本来说，这绝对算得上报酬丰厚了。很久之后，赫本回忆这段经历时，坦诚地表示，她是为了金钱工作，因为不得不如此，但她也认为自己非常幸运，不但选择的是自己喜欢的职业，而且遇到了威廉·惠勒，能够参与高质量影片的拍摄，从中获得了太多乐趣。

与其他先确定剧本再开拍的电影不同，就像《罗马假日》的剪辑师罗伯·史温克所说："这部片子根本就是边写边演。"在来罗马之前，赫本就拿到了《罗马假日》非定稿版的剧本，直到完成最后的拍摄任务，剧本才定稿。

《罗马假日》始于剧作家道尔顿·楚姆波的一篇故事，随后又分出两条支线。一条线由艾恩·麦克莱恩·亨特进行改编，将故事变成剧本，约翰·狄格顿接手加以润色；另一条线是弗兰克·卡普拉请人编剧，后来筹拍的时候，又找到瓦伦泰·戴维斯和普瑞斯顿·史特吉斯改编了几场戏。虽说过程曲折，但《罗马假日》的成功，少不了最后的编剧高手班·赫克特。

班·赫克特是个爽快的人，而且向来不在意署不署名，只要稿费给到位，其他一概不是问题。他先后给两百多部电影当过编剧，但其中大部分电影的片尾都没有出现他的名字，比如经典佳作《乱世佳人》也是由他修改并定稿的。将烂摊子收拾规整,并呈现更好的效果,就是班·赫克特的能力,这可是顶级编剧才能拥有的能力,不夸张地说,这完全是可以救剧组于水火之中的"超能力"。

当然,剧本的事并不需要赫本操心,她只需要等待定稿就好,但作为女主角则要参与服装的准备工作,这也不是一件简单容易的事情,同样需要花费时间和精力。

《罗马假日》的服装是由美国著名设计师伊迪丝·海德全权负责的,她一生获34次奖项提名,夺下8个奥斯卡奖,可以说她的成就在同行中无人能敌。海德出生在美国加州,毕业于斯坦福大学,是一个聪明但并不温柔的人,对任何人都保持着适当的距离感,旁人觉得她冷漠、难以亲近,但这种不爱与人说长道短的性格,也正是明星们喜欢的,毕竟谁也不愿意任由自己的身材信息和秘密满天飞。正因如此,海德凭借自己的实力与严谨的口风赢得了一大批忠实用户。

海德与赫本第一次见面,就对眼前这个女孩很有好感,她认为赫本的身材简直完美,做模特也是可以的。赫本拥有天生的时尚感,她的纤瘦在服装的点缀下变得格外与众不同。海德说:"我一看就知道她是最完美的衣架子,也知道自己一定会禁不住诱惑,想设计与她竞艳的服装。我原本可以用她来展示我的才华,让大家只注意我的服装而非她的表演,但我没有这么做。只是难免会这样想。"

事实上，即便海德真的忽视了服装要为表演服务这一点，赫本也是不会同意的。赫本聪明且直接，她要求所有服装必须经过她的同意，否则她是不会穿的。之所以如此坚定，是因为她认为，戏中的服装也应该与日常穿着的服装一样，所以看到海德的设计稿后，她将服装的颈部线条改得更为简洁，皮带改得更宽，鞋跟也改得更低。

此外，她去掉了当时极为流行的垫肩，并坚持不垫胸。这就是赫本的独特之处，她不跟风、不盲从，不会因为大众如何而改变自我，始终坚持本真，坚持自己的见解，而时间证明，她是对的。

海德喜欢聪明人，尤其讨厌与蠢人打交道，与赫本共事之后，她由衷地喜欢上了赫本。服装设计师都是挑剔的，但赫本实在无可挑剔，她身材高挑、气质出众，有着自成一派的个人风格。向来不喜欢对别人评头论足的海德，也忍不住对别人说，从来没有哪个女明星能像赫本这样，让她工作得如此轻松。

搞定服装后，化妆的部分要开始了，负责人是意大利化妆师阿尔贝托·德·罗西，这是一位与海德一样，在行业内有着极高知名度的人。

《罗马假日》是黑白片，所以极其考验化妆技术，除了演员本身的皮肤情况，还要考虑服装、场景等细节。为了确保万无一失，派拉蒙还派人送来了化妆品进行试用，并附上了使用方法，比如这个粉底是专门用在哪里的，这个部位又要用哪个粉底和哪个粉底混合，甚至眼线该选哪种颜色，睫毛膏该选哪种颜色……都有着详细的说明。搞定了服装和化妆，接下来要做的就是赫本的表演了。

　　精心的准备让《罗马假日》有了值得期待的理由。

05 / 永远的公主

短暂又永恒的爱情,在《罗马假日》中被展现得淋漓尽致。王位继承人安妮公主和美国穷记者乔,八竿子打不着的两个人在意大利罗马相遇了,在相伴周游的24个小时中,他们从陌生到熟悉,从友情到爱情,最终又相忘于江湖,浪漫又饱含深情。

一向被束缚在皇室的安妮公主,本来打算趁着出访罗马之际,好好浏览一下罗马风光,却遭到拒绝,并被注射了镇静剂。为了偷偷跑出来,她假装睡着,并在侍从放松警惕的时候溜到了大街上,谁知道药效很快就发作了,刚刚重获自由的公主就迷迷糊糊地睡在了广场的长椅上。

美国记者乔,工作不顺,经济困难,为了让报纸有更好的销量,不得不四处寻找新闻。路过广场时,他发现了正在熟睡的少女,出于安全考虑,乔试着叫醒她,谁知少女一动不动,他不得不将她带回自己的住处安顿下来。

第二天,乔在报纸上看到了特别公告,才意识到睡在自家沙发上的少女正是安妮公主。一直在努力找新闻的乔大喜过望，计划写一篇关于公主的独家报道。安妮公主醒来后，知道是乔好心提供了住处，在表达感谢后，又跟他借了些钱，便开开心心地离开了。

她站在罗马喧闹的街头，肆意享受着阳光的沐浴，此时此刻的她，只是一个普普通通的平民少女。她不知道的是，乔已经通知了自己的摄影师朋友来偷拍公主，而他则悄悄跟在公主身后，后来，他又假装偶遇，提议给公主做向导，带着她四处游览，摄影师欧文则在他们身后不停拍照。

就在安妮公主与乔四处闲逛的同时，侍从们发现公主失踪了，于是赶紧派便衣秘密寻找公主。就在乔与安妮公主来到水上舞厅参加舞会时，他们恰巧碰到了一群便衣，便衣准备强行带走公主，乔和欧文出手相助，双方的厮打引来了警察，乔带着公主趁乱顺利离开。

在这宝贵的一天之中，安妮公主勇敢地剪掉了长发，感受到了从未有过的快乐和自由。在自由的24小时中，安妮公主和乔已经相爱了，但因为悬殊的身份，他们不得不在夜幕降临时选择告别。

影片中，两个人在咖啡馆里，他试探性地问道："你父亲是做什么工作的？"她模棱两可地回答说："那份工作可以称之为公共关系维护，做这份工作从来没有人辞职，除非因为健康原因没办法胜任下去。"作为公主，她太清楚自己的使命和责任了，所以她无法为了爱情而抛下国家和人民，这是一位公主的担当，但这一切又是那么残忍，因为需要牺牲她的爱情。

就这个故事而言，大家会不由自主地联想到英国的玛格丽特公主。当时，玛格丽特公主与彼得·汤森相爱，但遭到了英国王室及政府的强烈反对，就是因为彼得·汤森不仅离过婚，还比公主年长许多。在1953年《罗马假日》杀青后，这段故事才公之于众。而且，惠勒在片场备忘录中写道："我们没有把安妮和玛格丽特公主拿来做比较。"不过，为了深入了解公主的生活，他们也确实参考了有关玛格丽特公主的故事和文章资料。

罗马的夏天，酷热难耐，《罗马假日》拍摄时，又赶上了当地破纪录的高温和湿度，但拍摄团队始终沉浸在愉快的氛围中，这与赫本息息相关，她的表现赢得了所有人的青睐。即便是大导演惠勒，也不吝惜赞美之词，称她是"快要绝种的类型"，并用努力不懈、一心向学来形容她。男主角派克也连连称赞她，在他眼中，赫本从不说人坏话，道人长短，并且个性很好，尤其是没有这一行常见的笑里藏刀、飞短流长那种个性，他直言："我很喜欢她，其实我爱她，要爱上她实在太容易了。"

盛赞之下，就难免让人遐想，两个人会不会因戏生情呢？

实际上，两个人始终维持着纯洁的友谊。对赫本来说，饰演乔的派克是高高在上的大明星，她十分感谢派克的肯定与提携，但那并不是爱情。赫本将派克视为前辈，在每一场戏中，派克都能让她觉得很自然，在他的感染下，她很快学会了放松自己。有派克和惠勒的带动，她可以很轻松地入戏。

在拍摄期间，她的未婚夫汉森会坚持在每个周末来探望她，两个人如胶似漆，时不时会在哈斯勒饭店商量如何筹办婚礼。派克则正在追求法国记者薇若妮卡·帕萨妮，与赫本一样，也沉浸在甜蜜的爱情中，所以两个人的甜蜜仅停留在银幕中，在现实生活中他们只是好朋友。在片场的空闲时间里，两个人就会一起玩玩牌，他们一个活泼，一个平易近人，关系好也就不奇怪了。

派克对赫本的称赞绝对不是一家之言，除了他，但凡在片场的人都对赫本称赞有加。面对喜欢精益求精的导演惠勒，一个镜头反复拍是常有的事，许多演员都被折腾得够呛，但赫本没有半点怨言，哪怕一个镜头拍了五十多次，再累她也不喊累，只会默默咬牙坚持。

1952年，赫本的演技确实还不够成熟，比如遇到哭戏，她还做不到眼泪随叫随到。"我们拍到最后一幕，我在车里向格里高利道别，要回去尽公主的职责时，应该泪如泉涌，但是我哭不出来。我假装哭泣，但效果非常不好，一点都不自然，用眼药水也不行，拍了一遍又一遍，还是不理想。威廉过来大骂了我一顿：'你觉得我们还要等你多久？看在老天爷的份上，你就不能号啕大哭吗？现在你应该知道表演是怎么回事了！'我难过极了，他这么生我的气。我开始大哭。他拍了这个镜头，接着用力抱了我一下，然后走开。这就是你学习的方式。他知道教我没用，干脆把我弄哭。"她回忆说。

赫本之所以能够得到派克的认可，除了活泼可爱的性格外，最重要的就是演技，派克甚至认为她的演技与他不相上下。当时，他的片酬是每周10万美元，与赫本每周几百美元的薪酬相比，简直是天壤之别。在认可赫本的演技后，派克甚至认为赫本有机会获得奥斯卡奖，开始考虑让她挂名的问题，当初的约定是片名之后只会出现他的名字，但现在他认为，赫本也值得挂名。巧的是，惠勒也认为赫本应该挂名，于是找派克协商，双方一致同意后，赫本的名字和派克的名字一起出现。

《罗马假日》的宣传铺天盖地，面对媒体，赫本也表现得非常得体，她端庄高雅，很清楚自己该做什么、不该做什么，并且坚持自己的方式。她懂得配合媒体，但也有自己的原则，那就是不愿意只做一个宣传工具。

在为《罗马假日》设计服装的时候，设计师海德就说她是天生的衣服架子，但美中不足的是，她太瘦了，身板扁平。要知道，当时人们追捧的是玛丽莲·梦露和伊丽莎白·泰勒，为了迎合观众，公司打算让赫本垫胸，但她直截了当地拒绝了。在美国，她就是全新的姿态，后来的一切都证明，她的坚持是对的，她就是无可比拟的女明星。

电影上映后，万千女生竞相模仿着安妮公主的着装，大家都不约而同地换成了赫本同款发型，白衬衫、窄腿裤、平底鞋则成了标配。一时间，赫本引领了潮流。在那个以性感为传统审美的年代，赫本让身材扁平的女孩拥有了时尚感。《纽约时报》评价说："一见到《罗马假日》里奥黛丽·赫本的打扮，几乎有一半的女生不再把内衣填得满满的，也不再踌躇地踩着像钻孔锥般细的高跟鞋走路了。"

导演比利·怀尔德曾说："那么多免下车餐馆的女招待成了电影明星。虽然她们进过学校，接受过语音训练，甚至能弹钢琴，然而仍然缺少某些真实的东西，她（奥黛丽.赫本）可能纤细瘦弱，但当你注视这个女孩时，你知道你确实感受到某些东西的存在，而这些东西曾经只出现在嘉宝——另一个赫本——或者褒曼身上，非常非常的稀少。"

派克和惠勒的判断也是对的，《罗马假日》上映之后，人们对这部影片表达了热切的喜爱。在银幕上，那个时而高雅端庄，时而又顽皮活泼的公主形象深入人心。可以说，赫本就是安妮公主，安妮公主就是赫本，角色与演员之间相互成就。

格利高里·派克曾说："《罗马假日》是赫本的电影，我只是配角。"1954年3月25日，奥斯卡颁奖典礼上，赫本荣获奥斯卡最佳女主角奖，这是赫本的第一座小金人，她值得这份嘉奖，时至今日，她的粉丝仍会称呼她为"永远的公主"。

好莱坞著名导演彼得·博格丹诺维奇评价赫本时说："我从没见过有人像奥黛丽那样能在镜头面前拥有如此多变的形象。如果在现实生活中，你一定会想：她怎么能挨过每一天或每一个小时的？在镜头之外，她双手颤抖，拼命抽烟，焦虑万分，对人和善，又脆弱无助。但是一旦开始拍摄，当她面对镜头之后，奇迹就发生了。她精神焕发，神采飞扬，从她瘦弱的身躯中迸发出一种力量，就像一只铁蝴蝶。她的表演强劲有力，明朗清晰，举手投足之间都流露出一种专业素养，毫无雕砌之感，似乎表演是她的第二天性。"

在影片中，派克和赫本骑的那辆摩托车名为Vespa，翻译过来就是"黄蜂牌"，在电影上映后，这款摩托车成了香饽饽，直接成为当时的爆款，从日产几十辆飙升到日产五百辆，可见《罗马假日》的火爆程度。

Part

在动荡不安中发现真我

肖恩说:"母亲总是身心投入地爱着她的丈夫,她尽了自己的最大努力去维系这两段婚姻。她所犯的错误只是她没有在恰当的时候去倾诉自己的感情,同时聆听别人的心声。在主动和被动之间,母亲没有找到一个合适的分界点。"

01 爱是不将就

当事业和爱情发生冲突需要抉择的时候,你会优先选择事业还是爱情呢?当这个问题摆在赫本面前的时候,她也纠结挣扎了许久。

为了《金粉世界》的全美巡演能够按时进行,在拍摄《罗马假日》之前,赫本就与剧组约定好10月1日必须返回纽约。在拍摄过程中,剧组所有人都在争分夺秒,最终兑现承诺,让赫本9月30日杀青。因为时差导致赫本是在10月1日晚上才抵达纽约,不过已经算是履行诺言了,并没有耽误她接下来的行程。

在工作稳步推进的同时,赫本与汉森的爱情却亮起了红灯,这绝对不是她想要看到的结果,她是真的爱这个男人,是真心想要成为他的妻子,但一切似乎没有朝着好的方向发展,这是她始料未及的。

7月初,汉森还为了能给他和赫本的婚礼留出时间,特意写信给《罗马假日》的执行制片人亨利·海格森,表示赫本应该在

9月24日返回纽约,并有一些事情需要在英国处理。或许汉森是出于对赫本的爱,希望尽快与她完婚,这样他们就是密不可分的整体了。但对于汉森干涉自己工作的事情,赫本是极力反对的,她确实和他一样希望尽早完婚,但她绝对不希望自己的丈夫不懂得尊重自己。她曾试着劝告汉森,让他不要随便插手自己工作上的事情,但她的劝告反而让他更加执着。

最终,影片的拍摄持续到9月30日,因为10月1日必须返回纽约开始《金粉世界》的巡演工作,所以赫本和汉森的婚礼又不得不继续延期。赫本对这段感情是极为认真的,对婚姻的渴望也是真切的,但本着契约精神,她不得不重新安排婚礼事宜,再一次将婚姻放在了事业的后面。

为了不影响完婚,她试着跟汉森沟通,希望在纽约结婚,如此一来,既不耽误婚礼,又不耽误巡演,可以说是两全其美。但汉森坚决不答应,他碍于家族的社会地位,不可能选择在纽约结婚,所以他继续向剧组施压。

8月的时候,汉森再次写信给亨利·海格森,希望他们能让赫本在9月中旬就返回英国,婚礼完成后再回纽约参加巡演。按照拍摄进度来说,他们是无法满足汉森的要求的。但汉森在没有得到赫本和剧组的同意下,擅自对外发布了赫本即将成婚的消息——"英国女星奥黛丽·赫本,将在9月30日,与英国及加拿大货客运业家族的詹姆斯·汉森缔结鸳盟。赫本小姐目前正在罗马,与格里高利·派克拍摄《罗马假日》,她表示婚礼将在英国约克郡哈德斯菲尔德的教堂举行。"

派拉蒙的高级主管得知赫本即将结婚的消息后，立即托人转告赫本，她在《罗马假日》中所使用的衣服、鞋子、珠宝等，都可以作为结婚礼物送给她。如果是之前，赫本一定会因此而感到高兴，因为她早就希望将这些衣服留作纪念，但现在，她完全感受不到喜悦，因为现在剩下的只有恼火。

很快，赫本斩钉截铁地对外宣布与汉森终止婚约，她决定回归单身，这绝对不是一时气愤，而是她深思熟虑的结果，她希望努力完成工作后再结婚，汉森则希望她放下工作。即使她克服了工作上的困难，但汉森需要在英国和加拿大处理工作，他们两个注定聚少离多，不能拥有朝朝暮暮的婚姻生活。

除了汉森的独断专行让赫本难以忍受外，他接连不断的绯闻也是让她痛下决心的原因之一。赫本是对待感情极其认真的人，她绝对不会将感情当作儿戏，如果不能成为他的唯一，那就干脆结束这段感情。

赫本不在身边的日子里，汉森的生活可谓丰富多彩，他完全忘记了自己是有未婚妻的人。报纸上多次刊登了他左拥右抱的新闻，他的身边换了一轮又一轮的美女，他们举止亲密，怎么看也不像普通关系。他一边对赫本嘘寒问暖，无微不至地呵护着她，一边又对其他女人频频示好，对忠贞不二的赫本而言，这样的爱情宁可不要。

幼年时母亲和父亲失败的婚姻，让赫本对婚姻抱着格外谨慎的态度。确实，即便是有着深厚感情的夫妻，或是曾经轰轰烈烈的感情，都逃不过变心，更何况从一开始就三心二意的人，怎么可能跟这样的人谈天长地久。

当赫本出现在纽约时，其他人一脸不可置信，他们没有看到一个因为婚约取消而失魂落魄的女人，相反，这个女人依旧充满活力。大家以为赫本会跟他们哭诉自己的遭遇，但事实正好相反，关于她和汉森的感情问题，她没有向任何人透露。

她就是这样的女人，优雅又独立，她不是温室中的花朵，相反，她是傲雪的梅花，凌寒独自开。换作一般女人，但凡感情所受的伤都算"重伤"，她们无法自我治愈，不得不向外界求助，找三五好友一吐为快。赫本不是这样的性格，她懂得自我疗伤。

感情风波并没有持续多久，往事如烟，随风而逝。《金粉世界》的巡演正式开始，赫本也变得异常忙碌，她来到巴尔的摩、匹兹堡、辛辛那提、底特律、芝加哥和旧金山，在一个又一个陌生的城市中，她继续蜕变，在表演这项事业中寻找着更好的自己。

斯波托曾经说："赫本在这个世界上最想要的东西就是爱与被爱。但同其他大多数女演员一样，她只是选错了对象。"确实，她爱上了汉森，但事实告诉她，这是一个不值得她去爱的男人，更不值得托付终身。

02 / 遇见纪梵希

忙碌的生活在继续,赫本片刻不得闲,但坚定地走在自己中意的道路上,即便再辛苦,也是一种幸福。

新星赫本在好莱坞的第二部电影《龙凤配》,很快就确定了下来。在此之前,人们对她接下来的作品充满期待,导演约瑟夫·曼凯维奇向她发出邀请,希望她能参加《第十二夜》的演出,吉古德也邀请她加入《造谣学堂》的拍摄,还有传言说她会与马龙·白兰度共同出演《拿破仑情史》,除此之外,半真半假的消息满天飞。

有一部名为《樱花恋》的电影,想邀请赫本饰演一名日本新娘,这让赫本觉得十分荒谬,她斩钉截铁地表示,自己不可能饰演东方女子,因为没有丝毫说服力,反而会让大家捧腹大笑。她回应说:"虽然剧本很美,但我总不能不自量力。要是你真的说服我,一定会后悔,因为我一定会演得一塌糊涂。"

真真假假的传言证明,赫本确实已经成为冉冉升起的新星。

《龙凤配》是一部爱情喜剧电影,与《罗马假日》一样,在剧本编写阶段一波三折。《龙凤配》原本是塞缪尔·泰勒撰写的一部喜剧——《美丽迷人的莎宾娜》,派拉蒙在获得电影版权之后,就确定将由导演比利·怀尔德执导,他之前已经拍摄了《双重保险》《失去的周末》和《日落大道》等不少经典作品。

泰勒笔下的《龙凤配》讲述了一位贫穷的少女,从巴黎学习回来后从丑小鸭变成白天鹅,并赢得富家子弟的爱情的故事。长岛富豪莱勒比夫妇有两个儿子,虽然已经到了成家立业的年纪,却一直没有找到合适的婚配人选,莱勒比家的司机有一个女儿莎宾娜,她在巴黎待了五年时间,回到纽约后,与莱勒比家的两兄弟重逢,随即展开了一段感情的追逐。影片结局浪漫,而且人物形象丰满立体,泰勒将三人微妙的关系描绘得生动细腻。

怀尔德看过剧本之后,十分认可泰勒语言的优雅、巧妙,但是要想搬上银幕,势必需要大刀阔斧地改编。两个月后,当泰勒再次看到剧本时,已经被怀尔德改得面目全非了。虽说看之前,泰勒已经有足够的心理准备,但如此之大的改动还是令他十分不悦,试问谁会喜欢自己的作品被别人改得面目全非呢?在礼貌地道别之后,泰勒返回纽约,不再过问这件事,而是专注于自己的舞台剧。

后来,编剧恩斯特·莱曼开始与怀尔德一起改编剧本,但两个人并没有一拍即合的感觉,相反,在无法说服彼此的情况下,不得不磕磕绊绊地创作着剧本,即便到了开拍的时候,剧本也没有完成,不过这种情况实属正常,也没有必要大惊小怪。

在赫本完成《金粉世界》的巡演之后，《龙凤配》的服装准备工作也要开始了。这一次，依旧是由海德负责，她带着设计图来到旧金山，同上一次一样，赫本坦诚地表达了自己的想法，虽说她时常对自己的演技感到自卑，但在服装这方面，她是非常有自信的。不过对一向自信的海德来说，赫本这次的意见有些太多了，让她多少有些不习惯，但毕竟对方是赫本，谁能拒绝赫本的意见呢？

最终，赫本向公司提议，不如让她自己去巴黎选购服装。这对公司来说，实在是好处多多，一是不需要为进口服饰支付关税，二是不需要在影片上打出外国设计师的名字，不管怎么盘算都没有拒绝的理由。就这样，经过公司同意后，赫本与海德在旧金山将逛街当作工作，两个人走走停停，累了就坐下来品尝法式点心，休息过后继续逛街购物。这是多少人梦寐以求的生活啊，工作变得有趣多了。

为了挑到更符合期待的服装，赫本来到于贝尔·德·纪梵希工作室的门口。两个人的命运在这一刻交会，他们彼此都不知道，这次见面将是数十年友谊的开始。在未来，他们一个是顶级演员，一个是顶级设计师，他们心系彼此，默默守护，在最需要对方支持和鼓励的时候，总会出现。

当时，比起声名远播的赫本，此时此刻的纪梵希还只是一个默默无闻的小设计师。他出生在法国巴黎的一个富有家庭，父亲希望他能够从事律师工作，但在他的坚持下，他选择成为一名服装设计师。小时候，纪梵希会与姐姐们一起去买时尚杂志，在书中,他懂得了所谓的巴黎情调。母亲曾告诫他说:"如果你想成为一个设计裙子的人,可以试试。但是千万不要抱怨,永远不要改变你自己的想法。"

18岁时,他师从法国高级定制大师雅克·法斯(Jacques Fath),后来成为著名设计师的瓦伦蒂诺(Valentino)也正在跟着雅克·法斯学习。后来,他又陆续跟着罗伯特·贝格(Robert Piguet)、吕西安·勒隆(Lucien Lelong)和艾尔莎·夏帕瑞丽(Elsa Schiaparelli)学习,在这期间,他的同学还有皮埃尔·巴尔曼(Pierre Balmain)与克里斯汀·迪奥(Christian Dior),这些人都是日后响当当的设计师。

25岁时,迪奥发来邀请,希望与他一起工作,但他拒绝了,他坚定地选择去创办属于自己的工作室。在迪奥看来,纪梵希太年轻,当时也并不是创建个人品牌的最佳时机,虽说两个人没有成为同事,但成了好朋友。

后来,纪梵希的第一个高定系列名叫"Bettina Graziani",是以当时巴黎最有名的模特的名字来命名的,主打"非配套女装"的概念,一经推出,就风靡时尚圈。在他看来,女人若要时髦,"只需要一件雨衣、两件套装、一条裤子,还有一件羊绒衫"。当时,他还对时尚风气直接表示了不满,他说:"我们谈论奢侈的次数比任何时候都要多。市面上的裙子越来越多,却缺乏风格。带着链条的包包、几乎无法穿着的鞋履……如果那就是奢侈的话,它也不会成为传世的经典。"

当赫本出现在纪梵希的视线中时,他看到了一个身材如此纤细的姑娘,她戴着绸缎草帽,穿着运动衫和裤装,脚上则是一双类似芭蕾舞鞋的鞋子。纪梵希用"脆弱的小动物"来形容赫本,这激发了他的保护欲,确实,在今后的日子里,他可没少保护眼前这个姑娘。

赫本找到纪梵希时,他正专注于设计自己的第一批服装,无法抽出时间为赫本量身定做。不过就在参观成衣作品时,赫本相中了一套灰色羊毛套装、一件黑色船领小礼服、一件白色无肩带礼服,尤其是这件白色礼服,简约又不失优雅。挑好服装后,赫本心满意足地离开了。

在纪梵希看来,赫本十分清楚知道自己要什么,她了解自己的容貌与身材,优点与缺点,她知道要穿着削肩的晚礼服遮住自己嶙峋的锁骨。

纪梵希评价赫本时说:"她是非常精确的人,极为专业,从不迟到,从不乱发脾气。和其他知名同行不同的是,她从不像被宠坏的明星一样摆架子,她知道如何塑造自己坚强独立的形象。这自然延伸到她的穿着打扮,因此设计师为她制作服饰之后,她会进一步添加一点自己的特色——一些细节,却有画龙点睛之效。"在之后的合作中,纪梵希与赫本共同缔造了"奥黛丽·赫本风格",衣服与赫本的气质完美结合,相辅相成。

当千帆过尽,年老的纪梵希回忆起赫本时,他说:"再没有一个人能够像奥黛丽·赫本那样了。怎么形容她呢,她能给我一种非常强大的情感能量。每次谈及她,我都会激动不已。"

对于赫本来说,抑或是对于纪梵希而言,他们都是上帝送给彼此的礼物。

03 / 不太愉快的经历

没有人会一帆风顺，当然，赫本也不会例外。在职业生涯中，难免也会遇到不顺心的事情，碰到令人讨厌的人。

《龙凤配》原本计划在9月开始拍摄，但碰到一系列问题，每一个问题都令人头痛，所以不得不延后拍摄。第一个问题是剧本需要继续修改，毕竟要搬上银幕，必须有足够的吸引力才行，现在这一版确实还差点意思。第二个问题是男主角之一的加里·格兰特临时退出，原定由他出演哥哥莱纳斯，一个专注于事业而无心恋爱的人，威廉·霍尔登则饰演弟弟戴维，一个只顾享乐的花花公子。格兰特说是有其他片约，但其实大家心里都明白，他是担心自己已经五十岁了，与刚刚24岁的赫本不够登对，只好找了一个理由来拒绝。

在怀尔德的不断劝说下，格兰特依旧坚持自己的决定，打死也不和赫本做搭档。最终，导演选定亨弗莱·鲍嘉来代替格兰特。这个时候的鲍嘉已经54岁了，不仅年纪偏大，整个人的状态也比较显老，同时，他也没有浪漫喜剧的经验，这让派拉蒙不得不犹豫起来。最终，还是确定由他出演，可惜事实证明这是一个错误的决定。

赫本也没有闲着，因为角色需要，她正在花时间学对话以及学唱歌。在剧中，她需要清唱法国香颂《玫瑰人生》。一向坦诚的赫本，在面对记者时，也一样无所顾忌，她告诉记者："我不得不如此。刚来的时候，我根本不会唱歌，我的声音单调又尖锐，没有变化，现在还是一样——只是稍微好一点罢了。"派拉蒙的主管知道后，赶紧联系赫本的新经纪人寇特·弗林斯，希望她不要什么都往外说。虽说她并不认可自己的努力，但她呈现出了自己的风格，她凭借自己的深情极大弥补了歌唱技巧的缺失，而且她的声音清脆纯净，效果远超她的预期。

当一切都准备得差不多了，终于进入拍摄阶段。谁知道，拍摄期间各种摩擦不断，大家钩心斗角，明明是一个团队，却分裂成不同阵营。

马莎·海尔·威莉丝饰演戴维的未婚妻，在片场，她对这一切有着深切的感受，她回忆说："我一来就发现这里根本是战场。拍片期间，不仅摩擦很多，而且各拥阵营，钩心斗角。不知道为什么，鲍嘉似乎一心觉得霍尔登、怀尔德和奥黛丽都跟他作对——或许是因为他觉得不安全，对自己的角色没有自信。"

不得不说，片场的氛围之所以如此糟糕，鲍嘉"贡献"了绝大部分原因。

开工第一天，鲍嘉就在自己的化妆间里用饮料招待演员和工作人员，本来是件好事，但他没有向霍尔登、怀尔德和赫本发出邀请。几天后，当怀尔德邀请鲍嘉一起小酌的时候，他却直截了当地拒绝了。多年之后，提及当时的种种"恩怨"，鲍嘉的经纪人厄文·拉萨说："鲍嘉觉得导演应该礼遇他，但在比利·怀尔德的片子中，除了比利·怀尔德，没有其他明星。"一直想要被礼遇的鲍嘉遇到了一直不会给明星优待的怀尔德，所以，鲍嘉的抱怨就一直没有停。

按照鲍嘉的性格，他对怀尔德的不满可不会藏着掖着。有一次，鲍嘉在看剧本的时候，看似无心地问了一句："你的女儿多大了？"得到"七岁"的答复后，他尖酸地问道："这是她写的吗？"紧接着，他模仿怀尔德自说自话，甚至骂他是"纳粹狗娘养的"，对怀尔德来说，这是他不希望别人知道的秘密，作为犹太裔，他的母亲、继父以及许多亲戚都死于纳粹的集中营，鲍嘉这番话简直就是在往怀尔德身上捅刀子。

怀尔德的日子也相当不好过，他的背部一直在隐隐作痛，剧本的问题也一直困扰着他。他追求有条不紊，但实际情况却大相径庭。他们一边拍，一边写，甚至剧本的进度赶不拍摄的进度。在修改剧本时，他删掉了鲍嘉的一段戏，为了避免激化矛盾，他还向赫本寻求帮助，让她假装身体不舒服。赫本心领神会，她装作头疼的样子，申请去躺一会儿，直到半天过去了，她还是不舒服。她的"头痛"给怀尔德创造了修改剧本的时间。

与鲍嘉的爱抱怨相比，霍尔登也好不到哪里去，他就是一个十足的酒鬼，午饭必喝酒，喝了酒就无法拍摄，非得等到他酒醒了才行。趁着霍尔登迷迷糊糊的时候，鲍嘉就会在旁边阴阳怪气地说："我想这家伙葡萄吃太多了。"本就看鲍嘉不顺眼的霍尔登，一下子就被激怒了，直接就抡起了拳头。

片场如战场，说得毫不夸张，就连谦卑和善的赫本，也没能逃过鲍嘉的责难。

要知道，赫本的准备工作是相当充分的，开拍之前，她会将台词背熟。但有一次，她接到了修改过的剧本，一不小心说错了，这可让鲍嘉兴奋了起来，他话里有话，"或许你应该好好待在家里读剧本，不要每天晚上出去"。面对如此愚蠢的挑衅，赫本可不会轻易发怒，她一笑了之，继续自己的工作。但与鲍嘉一起工作实属不易，他习惯性地边念词边吐痰，赫本要担心自己的服装，摄影师查理·朗恩则要担心鲍嘉的口水，因为一不小心就会穿帮。

《龙凤配》在跌跌撞撞中杀青了，怀尔德对赫本有了新的认识，他称她"无法复制"，接着又说，"她在银幕上下截然不同，并不是说她庸俗——一点也不，只是她的内在很丰富，只要略施性感，就有惊人的效果"。

过程曲折，但对赫本来说，《龙凤配》帮助她巩固了银幕形象。在纽约，《龙凤配》连续四十周在线，绝对是叫好又叫座。不过，赫本拿到的钱，只有3000美元，因为经纪人、律师和经理拿走了一部分作为酬劳，与其他演员相比，她的片酬着实少得可怜。就拿两个男主角来说，霍尔登有8万美元，鲍嘉更是拿到了

20万美元。好在来日方长，赫本也不会计较眼下一时的得失。

1955年，第27届奥斯卡金像奖的颁奖典礼上，赫本被提名最佳女主角，可惜最后并没有获奖。团队中，只有海德获得了最佳服装设计奖，而她上台领奖时，也没有提到纪梵希，这也让赫本对纪梵希备感愧疚。

原来，早在《龙凤配》的试映会上，赫本就邀请纪梵希来到了现场，但当影片结束时，片尾并没有出现纪梵希的名字，而是只有"伊迪丝·海德"，这是赫本没有料到的，也让纪梵希略感无奈，很多年之后，提起这件事，纪梵希大度表示："他们放映这部影片，却只字未提我的名字。想想看，在我事业起步之初，若能有《龙凤配》的肯定，岂不大有帮助！但没有关系，几年后，每个人都认得我了。总之，我当场能怎么办？我真的不是很在乎。能为赫本小姐设计服饰，我就已经很高兴了。"

有得就有失，虽然《龙凤配》的拍摄过程并不愉快，但赫本得到了导演的认可，也奠定了她与纪梵希的友情。

04 原来是他

赫本有了新恋情,这还要从《罗马假日》在英国的首映式说起。

1953年6月,《罗马假日》在英国举行首映式,赫本自然不能缺席。埃拉得知女儿回到伦敦的消息后,特意在家中设宴招待惠勒、派克以及赫本的其他同事和朋友。

当派克来参加宴会时,还带了一位新朋友——梅尔·费勒。在来之前,费勒就对赫本产生了浓厚的兴趣,因为好友派克将赫本称为"最亮眼的星星",所以他格外期待与她见面。

摄影师、设计师和传记作家塞西尔·比顿也参加了这场宴会,后来他描述了赫本出现的场景,他写道:"最后那位女儿出现了,展现出一种新的美:大嘴、平脸、眼睛化浓妆、椰子式的发型、未涂蔻丹的长指甲、柔软的身材、长颈,但可能太纤瘦。她的影片很卖座,对这位可人儿却似乎没有多少影响;对于种种奉承,她只当作一点调味品,只有表达感激,没有倨傲的态度。

她的周遭只有简单利落的气氛：没有女仆帮她更衣或应门，宾客一一来到……在电光石火的瞬间，我发现了她精灵般的魅力，她有一种如流浪儿的气质，让人强烈同情。"比顿被赫本的魅力所征服，开始计划着与赫本合作。

同一时间，同一空间，费勒的一整颗心也沦陷了。这一年，费勒36岁，赫本24岁。

费勒身材修长，加上姣好的样貌，站在人群中，也是耀眼的存在。他出生于新泽西州，家境优渥，家庭成员也从事着体面高尚的工作。父亲是一位外科医生，社会地位高，备受尊敬；母亲则是一位社交名媛；哥哥和一个姊妹也是医生，另一个姊妹则在《新闻周刊》担任编辑。

费勒在兄弟姐妹中，也不是等闲之辈，他多才多艺，在新英格兰的小镇上当过报纸编辑，出版过一本童书，名为《提多的帽子》，此外，他还在电台音乐节目担任过主持人。当然，最辉煌的经历还是要数作为演员，他在米高梅的电影《莉莉》中担任主角，票房表现亮眼。后来他也尝试着从事导演工作，不过并没有取得太大的成就。

如此风度翩翩又富有才华，想来也不会是一个感情故事单一的男人。

确实，在与赫本相识之前，他有过三段婚姻，此时此刻的他是一位有妇之夫。在20岁的时候，费勒与雕刻家弗朗西斯·皮尔查步入婚姻殿堂，婚后育有两个儿子。当婚姻亮起红灯后，他与芭芭拉·崔普结为夫妻，也生了两个儿子。可惜，这段婚姻也没能维持下去，后来他又娶了皮尔查为妻。

当费勒遇见赫本之后，他比谁都清醒，也比谁都疯狂，他无可救药地爱上了她。

与费勒熟识的好莱坞记者拉迪·哈瑞斯说："（费勒）第一次见到奥黛丽之后，他就再也不肯和她分开。"赫本对这位狂热的追求者是什么态度呢？其实，她也对费勒有着同样的好感，所以在接下来的各种活动中，费勒时常陪伴在她的左右。不过，两个人各有工作，一个要回到伦敦完成《圆桌武士》中的配音，一个要前往法国圣让德吕兹度假并为《龙凤配》挑选服装。

记者目光如炬，一下子就能捕捉到赫本与费勒的不寻常，就不断追问赫本是否会成为费勒的妻子，但赫本给出了模棱两可的回答："我现在还不能结婚。婚姻是全职工作，需要比表演更多的才华。我不可能两者兼顾，又都有良好的表现。我已经学着不要婚姻。"

面对费勒的嘘寒问暖，赫本对爱情的渴望战胜了她的理性，他们像是两块互相吸引的磁铁，但凡有机会就黏在一起。在埃拉眼中，费勒远不如汉森更适合自己的女儿，至关重要的一点是汉森没有结过婚，也没有前妻的困扰。

不过赫本的追求者并非只有费勒一个，在拍摄《龙凤配》期间，霍尔登也成了赫本的追求者，他们同样情投意合、情意绵绵。拍摄间隙，两个人就会腻在一起，但霍尔登是有妇之夫，两个人相处得小心翼翼。

霍尔登本名威廉·毕德尔，出生于伊利诺伊州，家境殷实，父亲是科学家。在他读大学的时候，派拉蒙的星探就发现了他，给了他威廉·霍尔登的艺名。1939年，他凭借《黄金少年》声名鹊起。两年后，女星布兰达·马歇尔为了与霍尔登成婚，不惜与丈夫离婚，与他结为夫妻。但两个人都不懂忠贞不渝为何物，在婚姻期间双双移情别恋，不断悔过又不断背叛彼此。

在赫本出现之前，马歇尔从不将丈夫身边的花花蝴蝶视为敌人，她甚至很少过问丈夫的花边新闻，但当霍尔登将赫本带回家中共进晚餐时，她的第一反应就是要求丈夫必须立刻与赫本划清界限，因为她第一次感受到了强烈的危机。显然，赫本的存在就是最大的威胁，她是他心目中理想的女人，年轻美丽且对他有着无比的崇拜之情。

赫本似乎逃不过这一类男人，英俊、幽默且年长，似乎因为父爱的缺失，她对成熟的男人没有抵抗力。霍尔登懂得如何讨赫本欢心，他温柔体贴，随时在意赫本的感受，这让她十分受用。同时，他承诺一定会离婚并娶她为妻，这是费勒没能给她的安全感，所以权衡之下，她现在更倾心于眼前这个男人。

她满心欢喜地规划着未来，她希望能生很多孩子，甚至考虑可以为了家庭放弃处在上升期的事业。她的决心反而让霍尔登心生畏惧，在《龙凤配》即将杀青的时候，他不得不坦白自己已经结扎的事实，这让赫本难以接受，她当即就表示两个人从此一刀两断。

后来，霍尔登还显得有些委屈，他信誓旦旦地说："我真心爱着奥黛丽·赫本，但是她不肯嫁给我。"接着又说，"所以我环游世界，打算在每一个国家都找个女人。"对此，赫本或许应该庆幸自己没有和他结为夫妻。

1953年11月底，费勒再次出现了。这一次，他做好了充分的准备，他已经与皮尔查坦白了自己对赫本的感情，皮尔查也没有拖泥带水，直接同意离婚。所以，当赫本再见到他的时候，他带来了两样东西，一个是离婚协议书，一个是剧本《翁蒂娜》。

赫本毅然决然地站在了费勒身边，准备开始新的生活。

05 仙子与骑士

关于婚姻,赫本有一套自己的理论与见解,她说:"婚姻就像签长期合约,除非知道自己内心深处的想法,否则不能答应任何人。"所以她不敢轻易步入婚姻,但遇到心仪的对象时,她又渴望拥有真正属于自己的家庭。

在恰当的时间与场景,费勒赢得了赫本的芳心,两个人你侬我侬。1954年1月初,两个人顺利抵达纽约,开始准备《翁蒂娜》的排演。虽说情到深处,但该遵守的礼教还是要遵守的,所以两个人在葛罕旅馆的不同套房安顿下来。

《翁蒂娜》讲述了一个浪漫凄美的爱情故事,水中精灵翁蒂娜爱上了人间的骑士汉斯,如果翁蒂娜对汉斯的爱消失了,那么汉斯就会失去生命。即便如此,汉斯还是选择娶其他人为妻,翁蒂娜伤心欲绝却又无法放弃汉斯,就在又爱又恨的情绪中,翁蒂娜假装自己爱上了别人,最终,汉斯死去了,翁蒂娜忘记了这段悲伤的记忆,回到了自己的故乡。

这是一部改编自季洛杜的剧本，由马克斯韦尔·安德森、贝尔曼、艾默·莱斯、罗伯·雪伍德、席尼·霍华德及罗伯·安德森共同创作，导演则是舞台剧泰斗阿尔弗雷德·伦特，他的妻子林恩·芳丹是他的助手。

早在1939年，季洛杜就曾亲自邀请伦特夫妇出演翁蒂娜和汉斯。当时，伦特47岁，芳丹54岁，夫妇二人考虑到自己的年纪与角色并不相符，所以拒绝了这个邀请。如今，兜兜转转，他们能够执导《翁蒂娜》，也是一种缘分。

赫本之所以能够饰演翁蒂娜，还要多亏雪伍德写信给伦特说："我认为赫本绝对是翁蒂娜的理想人选，她学过芭蕾，这点很重要，因为全剧有芭蕾的味道。"对于费勒要出演汉斯，雪伍德则表示多少有些勉强，很多年后，安德森说："我们有机会让奥黛丽再演舞台剧，但必须以费勒为代价，后来证明，这个代价未免太大了。"

安德森提到的这个"代价"，确实不是随口一说。在排演时，费勒竟然毫无缘由地反对芳丹出现在现场。但是，在此阶段，芳丹已经成为赫本不可或缺的教练和盟友，她孜孜不倦地传授着自己的经验，这对总是感到自卑的赫本而言，无疑是一种莫大的支持。但因为费勒对芳丹的种种不满，让赫本夹在中间十分为难，她特意给芳丹留言说："多亏你的耐心指导和鼓励，我才能更自在、更有信心地站在这里。"

除了对芳丹有意见，费勒对伦特也很是不满。他认为伦特年纪太大了，根本不适合作为《翁蒂娜》的导演，除了口头表达他的情绪外,他甚至直接不服从导演的指挥,当伦特和他说话说到一半时,他就自顾自地转过身去,这一举动让伦特格外难堪,其他人也都发现了这一点,但除了尴尬之外,也不知道该做些什么。赫本对伦特没有任何意见,在现场也是完全服从安排,但费勒对这一点不管不顾。而且,结束一天的排演后,费勒就开始在背后搞小动作,他重新指导赫本,全然不顾伦特的指导。

费勒或许觉得赫本之所以能够出演《翁蒂娜》,全部要归功于他,所以他找到雪伍德要求为他增加戏份,但雪伍德没有惯着他,直接表示拒绝。在萨德丝看来,费勒太过傲慢,他以幕后指导自居,到处指手画脚。即便费勒做了很多过分的事,但双方始终没有发生正面冲突,这多亏了伦特的绅士风范。

与人人厌恶的费勒相比,赫本就是"团宠",大家都觉得她棒极了,美而不自知,没有半点虚荣。但是,当费勒以赫本要退出演出来威胁伦特的时候,她没能阻止,也不敢拒绝。无奈之下,她专程飞到纽约,敲开雪伍德家的大门,十分坦诚地告诉他,自己是冲突的祸首,想要退出演出。

面对眼泪在眼眶里打转的赫本,雪伍德希望她留下来,交谈之后,赫本决心不再逃避。等送走赫本后,雪伍德给伦特发去电报:"我和奥黛丽恳谈过了,明天星期六下午我将到波士顿和你谈奥黛丽和费勒的问题……奥黛丽说她希望未来都由你执导,此言证明她的智慧。"

在一番努力后,《翁蒂娜》如期上演,对赫本的好评如潮。

《纽约时报》的艾金森点评说:"每个人都知道赫本小姐很年

轻,但没有人怀疑她的表演天分。只是翁蒂娜这个角色非常复杂,有许多难以捉摸的内心戏——各种情绪和印象,淘气又哀伤。赫本小姐却能将这些都化为剧场的语言,不需矫饰造作。她的表现优雅迷人,对舞台有天生的本能。"

《纽约客》的剧评出奇地一致,他们写道:"赫本小姐才华洋溢,举手投足都散发着无比的魅力,最虚无的笑话因为有了更深一层的深度而欢欣鼓舞;最平淡的动作变成精彩表演的灵感。"

对于费勒,评论就显得有些刺耳了。

理查德·华兹坦言:"他的演出欠缺吸引力,不够生动,可以说完全缺乏风格和想象力,而且本剧其他部分如此精彩,因此他的表演更成为败笔。若伦特先生年轻几岁,能够亲自演出这个角色,一定十分亮眼!"

著名导演麦可·鲍威尔也没修饰自己的措辞,他说:"完全不像1939年《翁蒂娜》在巴黎首演时饰演汉斯的路易·儒韦那般有魅力。儒韦停顿,大家都停顿;而梅尔停顿,大家根本就熄火。支撑此剧的人,完全是奥黛丽。虽然她在那个大舞台上声音很小。"

十天过后,艾金森再次赞美道:"赫本小姐演出的翁蒂娜,表现不可思议。尽管她非常美丽,演出时却绝无虚矫,动作自然流畅、敏捷灵活,优雅地诠释了翁蒂娜在人类世界中接受的考验;在她迷人的魅力下,有敏锐的心灵运作着。翁蒂娜不仅是让人神魂颠倒的美人,也是个鲜明的观念,再也没有比奥黛丽的演出更明白、更让人击节赞赏的表演了。"

伦特对费勒的表现也很不满，认为《翁蒂娜》的失败之处，在于费勒没能处理好他与赫本共同出现的场景。当有人向伦特提问说，是否从执导影星当中学到什么教训时，他毫不避讳地回答道："有，笨驴是没法做骑士的。"

06 人生大事

　　毫不夸张地说,如今的赫本事业有成,与此同时,她的终身大事也迎来了一个结果。

　　1953年,是赫本的丰收年,除了获得当年的奥斯卡最佳女主角奖外,她还获得了英国电影学院颁发的奖项,其他小奖更是拿到手软,这可是其他演员穷极一生也很难达到的高度。

　　奥斯卡奖是演员们的梦想,赫本年纪轻轻就站上了领奖台,换作别人,或许早就忘乎所以了。但赫本没有,她警告自己,不能被这些奖冲昏头脑,要保持平常心。而且她的梦想不止于此,而是成为真正伟大的女演员。

　　她认真地说:"我想把这一切都当成发生在别人身上,从客观的角度了解自己的价值和对公司的贡献。我总是追求前方的事物,若算得上有成,是因为我抓住了每一个机会,而且非常努力。没有任何成就是轻松得到的。在音乐剧中,我是只受过芭蕾训练的紧张女孩,必须观察其他所有人,才知道该如何举手投足；在舞台剧《金粉世界》里，我完全没有表演经验，却得登台。这出剧作在美国颇为成功，他们对我赞誉有加，但在公演的十六个月里，我仍不断学习，一直到公演最后一夜，其实才做好第一夜的准备。《罗马假日》对我来说又是一个挑战，我必须在镜头、灯光、喧闹和紧张当中，拿出真正的表现。"

赫本接连获奖，母亲埃拉却并不像费勒那般骄傲欣喜。她来到剧院，提议亲自担任赫本工作和生活上的经纪人及经理，遗憾的是，她缺少这份工作必备的技能之一——亲切。她凡事一丝不苟，却总是一副拒人千里的姿态，实在不讨喜。

其他人可以通过获奖来提升信心，赫本却不是如此，她表示："我不能说我已经会表演了，我常觉得自己永远没学会任何事。有时我在舞台上的举止让我沮丧万分。"

这不是她出于谦虚的说辞，事实就是如此。随着她的知名度越来越高，邀约纷至沓来，本来值得欣喜的事，却让赫本背负了更多压力。随之而来的不是骄傲和自信，相反，是越来越紧张，甚至让她到了忧郁的地步。

为了缓解紧张和不安，赫本不得不依靠香烟，导致她烟瘾越来越大，有时候她一天需要抽掉两三包烟。过度依赖香烟的副作用很快就显现了，她的脸色如白纸一般，走路摇摇晃晃，医生一度担心她濒临崩溃，并建议她去瑞士休养。

所有人都在羡慕赫本所获得的成就，毕竟不是谁都可以在25岁的时候连连获奖。但成就等同于压力，因为想要持续输出高水准的作品也非易事。显赫的声名让赫本身心俱疲，所有人都在赞美她、喜欢她，但她过得并不幸福。

除了事业上的压力，还有来自感情的压力。

费勒已经向赫本求婚，但她正在纠结犹豫的阶段，她不确定自己是否应该和费勒组建家庭。就在她举棋不定的时候，记者也在不断追问她的决定，她无法给出明确的回答，只是表示："我还不想被圈在任何地方，或被绑在任何人身上。"

虽说她还没有打定主意，但她内心深处对费勒的爱是真实的、深刻的。哪怕周遭的人都在反对她和费勒在一起，哪怕在《翁蒂娜》排演期间产生了一系列麻烦，她唯一能够明确的一点就是她爱费勒。

在《翁蒂娜》的告别晚会上，赫本精神涣散，她已经许久没有睡过一个好觉了，有时更是整晚失眠。睡不好，加上没有食欲，她的身体垮了下来。白天，她依旧烟不离手，咳嗽得越来越严重，为了安抚自己，她开始咬自己的指甲，或是放声痛哭。

为了让赫本尽快好转，埃拉和费勒带着赫本来到瑞士休养。

埃拉一如往常，关心与斥责同在，她说："我们都已经经历了战争，还有什么可忧郁的？为什么不趁着清晨空气凉爽去走走？"费勒对赫本的关心，就是给她准备了许多剧本，希望通过工作来让她打起精神。不论如何，赫本的身心开始得到治愈，一切都在朝着好的方向发展。

9月，她缺席了《龙凤配》的宣传活动，因为她去结婚了。

9月24日，在瑞士琉森湖湖畔，赫本与费勒举行了婚礼。第二天，在一座古老的私人教堂中二人举行了清教徒仪式，她身穿纪梵希设计的婚礼服,手中拿着一束简单的白色花束,一步一步走向自己的幸福。见证这一幕的宾客不多,只有几位好朋友,而且没有媒体的打扰,她就这样安静幸福地成了费勒太太。

婚礼结束后,赫本与费勒在山间小屋享受着难得的蜜月。稍有遗憾的是,刚刚轻松了三天,费勒就要前往罗马工作,两个人便即刻动身。

在滨海小城安齐奥,两个人租下一座别墅,在这里,赫本愉快地照顾着家庭,时而读剧本,时而照料花花草草,时而学习烹饪意大利美食。他们会一起下厨,一起共进烛光晚餐,醇香的红酒搭配悠扬的音乐,粉红色的桌布搭配用爱心烹饪的美食,是多么浪漫迷人的夜晚啊。

她享受着目前的平静安宁,对于公开露面的活动,她一律拒绝参加,但当有人邀请她参加一场募捐活动时,她立刻答应下来。这次募捐,是为了那些因战争而成为残疾人的人士举办的,赫本还答应了签名活动。

赫本对费勒的爱如火如荼,而且显而易见,导演麦可·鲍威尔认为她是那种要不就全心全意地爱,要不就完全不爱的女人,他好奇费勒是如何燃起了她的热情。

成为费勒太太的第二年3月,赫本如愿怀孕,这让她大喜过望。然而,几周之后,她就意外流产,这让赫本陷入无可抑制的悲伤之中。

一个人到底要经历过多少事才算完整?这或许没有答案,但按照赫本的经历来说,她的人生就是完整的、圆满的、精彩的,是千千万万种人生之中,令人羡慕的一种。

Part

真切的羁绊

罗杰斯说:"她从来不像其他演员一样,想永远当红,而以追求个人幸福、平静、爱、子女、她爱且爱她的伴侣为重……虽然她爱演戏,但希望减少工作,有更多自己的时间。"

01 贤妻良母

伟大的演员也有一颗向往平凡的心,这就是赫本,即便万众瞩目,她最想得到的还是一个完整且温暖的家庭,她愿意离开周身的繁华,一心一意地做贤妻良母。

1955年3月,美国导演金·维多和意大利制片人庞帝、迪诺·德·劳伦提斯聚在一起,筹划翻拍托尔斯泰的小说《战争与和平》。庞帝和迪诺·德·劳伦提斯之前看过费勒出演的影片《禁忌》,便向维多提议,让他出演安德烈公爵,如此一来,赫本也就会顺理成章地接下娜塔莎一角,可以说,这步棋走得还是很高明的,他们直接拿捏了赫本的七寸,知道怎么做可以轻而易举地说服她参演。

与费勒成婚后,赫本将家庭和丈夫放在第一位,她的理想生活就是照顾好自己的小家庭,每天在自己的小窝里享受家人陪伴的快乐。与费勒的雄心勃勃不同,她安于现状,由衷享受着做妻子的时光,照顾家庭,与费勒朝朝暮暮。但费勒有自己的坚持,他渴望大展宏图，因为比起声名显赫的妻子，他的事业要远远落后于她，所以他凡事都以事业为先。

为了让赫本有更好的发展，费勒聘请亨利·罗杰斯来处理她的公关事宜，在朝夕相处中，罗杰斯与赫本成为好友。他对赫本有着深刻的认识，他评价道："她从来不像其他演员一样，想永远当红，而以追求个人幸福、平静、爱、子女、她爱且爱她的伴侣为重……虽然她爱演戏，但希望减少工作，有更多自己的时间。"

两人有不同的理念和追求，矛盾也就会随之产生。

罗杰斯了解费勒的诉求：他希望妻子能够尽可能多地参加宣传活动。但赫本则正好相反，她对参访或是拍照都显得极其不情愿，她熬了好久，终于盼来了理想中的生活，怎么会心甘情愿在其他地方消磨时间？面对这种情况，罗杰斯不得不费心费力地安抚这对夫妻，为了让赫本能够开心工作，他打起十二万分的精神，精心挑选着活动。

罗杰斯补充道："她很少有快乐的时候。她和梅尔的婚姻并不幸福，这不是秘密。在我看来，她爱他似乎甚于他爱她，而她因为自己的爱得不到回报，感到挫败。她曾多次对我及其他密友谈到这点。她从未抱怨……但我在她的眼中看到忧伤……在她和梅尔结婚的那段日子里，她就像特里比一样，是斯文加利的傀儡。"

费勒掌控这一切，赫本就在他的节奏里亦步亦趋。不出所料，赫本要出演娜塔莎，她的片酬高达35万美元，比《龙凤配》

的片酬高了几十倍。在得知可以获得如此之高的片酬后，赫本自己都惊呆了，她认为不可思议，她不相信自己配得上这么高的片酬。一直以来，不管是刚刚入行，还是小有成就的时候，她都把自己的姿态放得很低。

后来，大儿子肖恩回忆说："对母亲来说，父亲就像希腊神话中的皮格马利翁，一位善于雕刻的国王，最后爱上了自己雕刻的一位少女。我的父亲是一位典型的完美主义者，在他身上体现了一位完美主义者的矛盾与统一。一方面，他追求极致；另一方面，由于这种过高的追求，他变得暴躁不安，极端情绪化。不过他的品位毫无瑕疵，作为电影制片人，父亲为母亲量身定做了不少经典角色，就像皮格马利翁手下的完美作品。"

《战争与和平》的拍摄也是问题多多、考验重重，让赫本再次体会到了身心俱疲的感觉。

作为托尔斯泰的代表作，《战争与和平》宏伟而不失细腻，围绕着1812年卫国战争，以贵族小姐娜塔莎、贵族青年皮埃尔和安德烈公爵三人的情感故事为线索，讲述了1805年至1820年俄国的重大事件，呈现了当时俄国的社会风貌。

想要将这部长篇小说拍成电影，可不是一件容易的事情。单说主要人物角色就有五十多个，其他小角色则有一万多个，确定演员就要耗费不少时间，再加上服化道等其他细碎的工作，比如服装就需要90个裁缝通宵制作，还需要8000多匹马、2800多门大炮，都是需要时间和精力准备的。

但话说回来，剧本才是最大的麻烦。直到开拍当天，剧本还四散在各处，制片人十分心大地将1400页小说拆成多份，然后交给其他作家各自完成编剧，时间短、任务急，最终再汇集在一起。当维多收到500多页的草稿后，他第一时间将布里吉·波兰德、罗伯·韦斯比和厄文·萧叫到一起，让他们重新改编剧本，而且只给了他们短短数周的时间。维多目标明确，就是要将《战争与和平》拍成一部巨片，但事与愿违。

从7月开始，直到11月，剧组上下都在努力克服环境所带来的困难。在酷热难耐的时候，偏偏要拍冬天的戏份，大家穿着冬天厚重的衣服挤在摄影棚，稍微一动就浑身是汗。一天要拍10个小时，对所有人来说都是一种挑战。赫本一如往常，默默地适应着、努力着。

导演高度认可赫本的演技，他认为赫本有一种"恰如其分的高雅"，是最适合娜塔莎的人选。不过赫本也有倔强且不听劝告的时候，那是一场舞会的戏份，她的服装是一套低胸礼服，穿上之后锁骨、肋骨一览无余。摄影师卡地夫建议她戴条项链，以便遮住她干瘦的颈部，但她坚持认为自己这副模样还不错。在她的坚持下，摄影师也没有再坚持。但当迪诺·德·劳伦提斯看到这段戏时，顿时火冒三丈，他觉得赫本"根本没有必要强调她的肋骨"，但场景已经没办法还原了，只能接受现状。

11月底，《战争与和平》终于杀青了，赫本与费勒便动身前往巴黎。

三个半小时的影片向观众展现的只有空洞无味的画面，"人物机械化，缺乏情感，角色就像二等公民，陈腐又没有深度……那些幽默的故事肤浅又无条理"。

影评人点评说："她不是天真地微笑，就是天真地流泪。"

02 重回独立

在《战争与和平》拍摄结束后,费勒马不停蹄地奔赴下一份工作——由让·雷诺阿执导的《多情公主》。1956年2月,赫本虽然需要休息,但仍独自拖着疲惫的身体来到洛杉矶,与弗雷德·阿斯泰尔共同出演《甜姐儿》。

《甜姐儿》讲述了一家书店女店员乔·史托顿小姐被时装摄影师迪克·阿弗利发现并培养成为世界名模的故事,女店员由赫本饰演,摄影师则由弗雷德·阿斯泰尔饰演。两个人合作创作了许多精彩的作品,并在相处中渐生情愫,在经历了一系列矛盾之后终成眷属。故事情节略显单薄,人物角色也不够深刻,但在20世纪50年代,无疑也是富有创意的电影。

拍摄《甜姐儿》的时候,费勒远在天边,没有他的干扰,那个果敢坚毅的赫本又回来了,她无拘无束地释放着自己的活力,尽情地展现着自己对剧本、对人物的见解,就连导演斯坦利·多南都忍不住为赫本的状态回归而欢呼。

在拍摄一场复杂的舞蹈戏时，赫本的服装是黑色毛衣、黑色紧身裤及一双黑色芭蕾鞋，导演多南要求她穿上白袜子，这样在黑色的背景下更能突出她的舞蹈动作。但是，赫本坚持认为不需要穿白袜子，因为白袜子反而会破坏整个黑色线条，使她的脚看起来不连贯。面对不肯妥协的赫本，多南耐心解释说，如果不穿白袜子，她就会融入背景之中，观众根本看不见她的动作，原本复杂美妙的舞蹈也就会变得无聊起来。要知道，这是赫本唯一一段独舞，其他的舞蹈都是与阿斯泰尔搭档完成的。

赫本与多南僵持不下，委屈地落下泪来，哭着跑回了更衣室。在平静下来后，她听从导演的安排穿上了白袜子。当回看完这段表演后，她还特意给多南写了一张便签，承认多南是正确的。她认真执着，但绝不固执己见，又敢于直面自己的错误，这样的赫本怎能让人不喜欢。

与《龙凤配》的演员阵容相似，《甜姐儿》也是中年演员搭配年轻演员。这一年，弗雷德·阿斯泰尔已经57岁了，但他的舞步仍旧充满活力，在悠扬的音乐声中，他与赫本配合默契，一起翩翩起舞。他丝毫没有受到年纪的束缚，舞步轻盈，仿佛地心引力在他这里根本不存在。他的言行举止，包括整个人散发出来的气质，都如同中世纪的圣徒一般，与男女之事毫不相关。

面对前辈，赫本处处恭顺谦卑，唯恐惹他不高兴。但阿斯泰尔对她很是不满，他痛恨赫本轻而易举地获得了所有人的好感，也痛恨所有人都费心讨好她。在一开始，他就担心年龄差的问题，但考虑到能与赫本同台，为了不错过这个难得的机会，就硬着头皮接了下来。让他没想到的是，赫本看起来太年轻了，随后他就开始担心自己是不是比较显老。

久而久之，他的担心演变成了一种莫名躁动的情绪。当即将开始一天的拍摄工作时，他满怀气愤地来到片场，面对多南也一样没好气儿，直接就问多南："你要我做什么？"面对赫本，他的脾气更大，两个人跳着跳着，他就突然停下来质问道："你在做什么？"尤其是在香堤堡，两个人泛舟过河的那一场戏，他冲着赫本大喊大叫，反复质问她在做什么。好在最后呈现的效果不错，两个人顺流而下，当雪白的鸽子和天鹅出现在画面中时，别有一番魅力。

赫本待人接物向来温和，面对阿斯泰尔的不耐烦，她努力做到让他满意。她向汤普森提及这件事时，也只是说与阿斯泰尔合作有点压力。毕竟阿斯泰尔的实力足以让赫本忽视他的坏脾气，而且《甜姐儿》大受好评，这对赫本来说，一切都值得。

拍摄期间，埃拉从伦敦来探望女儿，盖许热情地招待了她，两个人慢慢熟络起来。在交谈中，盖许发现埃拉和赫本一样幽默感十足，但奇怪的是，母女二人在一起时却不幽默。他说："我很欣赏奥黛丽的母亲，但奥黛丽并不那么喜欢她……埃拉扮演的是严母的角色，一提起奥黛丽，就变了个人——喜欢批评奥黛丽的作为，而且非常认真看待自己女爵的角色。另一方面，埃拉傻起来很傻，就像奥黛丽一样。只是奥黛丽根本不知道她的这一面，她们不知道母女俩其实很像。"

一直以来，赫本并没能从母亲那里获得热切的爱，但不可否定的是,埃拉热切地爱着自己的女儿。所谓旁观者清,盖许说:"人们经常无法把爱对自己所爱的对象直说出口,但他们会把心意告诉别人。或许埃拉做我的母亲,我会恨她,但当我的朋友,我爱她。"埃拉就是如此,她可以向盖许称赞自己的女儿是杰出的演员,却无法直接向赫本表达自己为女儿感到骄傲,自己有多么爱女儿。

《甜姐儿》圆满落幕后,赫本回到瑞士与费勒团聚。在短暂的假期过后,费勒前往西班牙和法国工作,赫本则接受了怀尔德的邀请,与库珀搭档出演《黄昏之恋》。这部影片改编自苏联作家克劳德·阿涅特(Claude Anet)的一部非常流行的小说,讲述了美国单身富豪法兰肯和私家侦探之女之间的爱情故事。在谈情说爱之中,穿插着不少侦探情节,让观众可以获得感情与智力的双重快感。

可惜,影片效果远低于预期。要说原因的话,至少有四点。

第一,库珀与赫本有着巨大的年龄差,两个人的感情戏就显得无趣又不真实,本该热情似火的吻戏也是草草了事,让观众觉得很敷衍。虽说在化妆和服装上都下了功夫,灯光也精心设计,但依旧难以掩饰库珀的老态龙钟。私下里,他崇尚享乐,也加速了衰老。因为演员糟糕的状态,所以许多需要表达细腻的感情戏,都不能大大方方地使用特写。库珀也自知状态不佳,所以表演上也越来越拘束。

第二,赫本饰演的妙龄女孩,本来只对大提琴感兴趣,但忽然又爱上了一个浪荡公子,感情发展得突然又充满矛盾,让人难以理解。而且一个家境一般且没有任何经济来源的穷学生，竟然穿着纪梵希设计的衣服。

第三，片子冗长乏味，不够流畅，也没有半分浪漫情怀。原本是有意向电影大师恩斯特·刘别谦致敬，结果却不尽如人意。

总而言之，《黄昏之恋》不是一部成功的电影。

这次拍摄经历，让赫本也感到很不自在。在片场，库珀和怀尔德畅谈醇酒美食、服饰和艺术，赫本在一旁根本插不上话，加上与怀尔德私下交往并不多，所以在他们交谈甚欢的时候，她只能一个人默默坐在一旁，身心也就无法松弛下来。

一年之中，《甜姐儿》和《黄昏之恋》耗费了她太多精力，本来她打算休个长假好好调整一下状态，但目前还有一项工作在等着她，那就是要在美国电视台演出，所以她不得不连轴转。1957年初，赫本与费勒一起来到了纽约，为接下来的演出做准备。

03 渐行渐远

安那多·利瓦伊克在美国全国广播公司（NBC）的支持下，准备筹拍以梅耶林事件为蓝本的电视剧，他提议由夫妻档演员来担任男女主角。随后，美国全国广播公司找到弗林斯，通过他顺利邀请到费勒夫妇，并提供了丰厚的酬劳。

当时，梅耶林事件备受关注，但事实真相迟迟没有被揭开。1889 年，奥地利王储鲁道夫奉父命要与少女情妇、男爵之女玛丽·冯·维茨拉断绝关系。在梅耶林，也就是奥地利的一个小村庄，鲁道夫开枪杀死了维茨拉，随即自杀身亡。但到底是不是这么一回事，还没有定论。

这部耗费了大笔制作经费的片子，在播出后反响平平，甚至有剧评家挖苦说，"要拍得更贫乏、更黯淡，恐怕很难"。那些精心打造的华丽布景，反而与故事悲伤的基调不符。

费勒与赫本的表现也受到了批评，他们明明是一对货真价实的夫妻，但给人的感觉是疏远的、冷漠的，他们没有将被迫殉情的爱展现出来，从始至终都很平淡。表现力欠佳，是费勒长久以来的一大问题，但赫本这一次的表演也没有说服力，她与自己的角色之间、与费勒之间，都是有距离感的。

或许是意识到两个人在一起并不是锦上添花的关系，所以接下来，他们选择不再一起演出。在这一年，赫本除了这一部作品外，没有再参与其他电影或电视的拍摄。她拒绝任何访问，故意将自己隐藏起来。

费勒继续忙碌，他有一部电影是在墨西哥拍摄的，赫本则夫唱妇随，在墨西哥西部米却肯的圣荷西别墅住了下来，这里有她喜爱的花园，美丽的花花草草让她的心情也好了起来。住下之后她才发现，这里没有电话，原本以为可以过一段清净的日子，但没有电话，有电报。

伊登斯寄来一包影评，《甜姐儿》收获了不少赞誉，她在回信中写道："这些真是让人欣喜的消息。我也看到《综艺》杂志（Variety）的报道说，它打破了票房纪录！！！我非常感激。太好了！太好了！请向汤普森道喜，因为影评对她的评论很不错，希望她有更多成功的纪录……感谢你，我为你高兴……"

弗林斯发来电报，告诉她了一个好消息，有一部电影可以给她一个尝试全新角色的机会，不同于《龙凤配》《甜姐儿》《黄昏之恋》这类老少搭配的爱情剧，也不同于《战争与和平》《魂断梅耶林》这类的古装片。弗林斯非常了解赫本，他知道她想要在角色上有突破，但又不愿意随便接戏。

很快，赫本收到了一本小说——凯瑟琳·休姆所著的《修女传》，这部新片就是由它改编的。讲述了女主角嘉比儿的修女生涯以及后期对宗教信仰质疑的故事，而故事取材自比利时修女嘉百列·范德玛的真人真事。

范德玛的父亲是一位颇有名望的外科医生，当她进入修道院后，成为路加修女。在完成心理训练后，她成为精神疗养院的护士，后来，又被派往医院工作，在将近九年的时间里，她表现突出，不久后因为生病被送回比利时。在第二次世界大战时，她成为战地护士，但碍于修女的身份，她必须对所有伤员一视同仁，不论是比利时反抗军还是纳粹及其盟友，她都要悉心照料，这让她难以接受，于是她就撤去了修女的誓愿，退出了修道院，回归为一名普通的护士。

路加修女的故事感动了赫本，她本人不信奉宗教，但能够理解修女的信仰。她说："在很多方面，我都像路加修女。"

《修女传》的剧本由编剧安德森进行改编，他与赫本结识于《翁蒂娜》，所以还算熟络。在准备创作之前，安德森正在洛杉矶向真正见过路加修女的休姆咨询相关背景。于是就在1957年6月初，赫本准备前往洛杉矶，与他们面对面讨论《修女传》。

赫本曾说，她从未感受过母爱。一个缺失母爱的人，却格外渴望能够成为母亲，尤其是当她与费勒的婚姻出现裂痕时，一个可爱的宝宝或许能够挽回渐行渐远的彼此。

曾经的爱是真实存在的，如今的隔阂也是明显能够感知到的，赫本在苦苦维系着如履薄冰的感情。虽说精神世界已经发生偏离，但费勒在工作上还是需要赫本的。

1958年7月，费勒要执导《翠谷香魂》，他希望赫本能够出演女主角神秘少女莉玛，并邀请26岁的男星安东尼·博金斯出演男主角艾伯。《翠谷香魂》是自然学者兼小说家哈德森最著名的作品，在1904年出版后，备受年轻女性的喜爱。

这部小说的主人公——神秘少女莉玛，拥有与大自然沟通的能力，在南美雨林中，她遇到了政治难民艾伯，两个人相知相恋，最终，莉玛被一群蛮人杀死。赫本从开场到结束，戏服就是一件透明罩衫，而且影片拍摄超期严重，一直到11月6日才完成拍摄。

开拍之前，还发生了一个小插曲。赫本在赶往片场的路上，在比弗利街与圣塔莫尼卡大道的转角，为了不和后方超车的车相撞，在加速的过程中没能避开女演员乔安妮·帕拉迪尼的车，后来，帕拉迪尼的律师以她背部、颈部有伤为由提起诉讼。虽说后来开庭后，帕拉迪尼的起诉被驳回，但赫本似乎留下了阴影，从此除非角色需要，其他时间一概不开车。

她认为，一个好司机的性格中需要"有一些具有侵略性的特质"，但她并不具备，而且也不准备具备，既然不能成为一个好司机，她也就干脆放弃了开车的想法。

客观来讲，这部剧没有任何亮点，故事晦涩难懂，场景也略显敷衍，就连赫本的戏份也不够出彩。即便如此，赫本还是决定听从丈夫的安排，其实她已经意识到了，自己变得非常依赖费勒的品位和指导，究其原因，是她还爱着他。

1959年3月19日，《翠谷香魂》在纽约无线电城音乐厅与观众见面，可惜每场总有一半的座位是空着的。

04 / 再也不见

年底的时候,终于迎来了一个好消息,赫本怀孕了。这让她振奋了起来,但当她开始幻想美好的未来时,残酷的现实却给了她重重一击,她分娩出来的竟然是死胎。命运先是给了她希望,又亲手将希望毁掉,对一个快要三十岁的女人来说,未免有些太残忍了。

庆幸的是,在四个月后,她再次有了身孕。怀胎十月,她终于在1960年7月17日,生下了她与费勒的第一个孩子——肖恩·赫本·费勒。这个孩子对赫本的意义非凡,她终于得偿所愿,她的人生、她的婚姻似乎都有了新的希冀。为了能够时时刻刻陪伴在自己的宝贝身边,赫本推掉了许多工作,一心一意地在家照看孩子。

多年后,奥黛丽感叹道:"就像所有新母亲一样,我简直不敢相信他真的是为我而造,我可以保有他……在我自己还是小孩的时候,最期待的就是有个孩子……而且我希望有很多宝宝,这是我衷心的愿望……我相信18岁就生宝宝的滋味一定很甜美，但若你等待多年，美梦才成真，那种喜悦简直难以形容……先前的流产，对我来说比一切都痛苦——连父母离婚、父亲不告而别的痛苦都比不上。自从拥有了肖恩，我因为他而努力维持婚姻，而且愈来愈厌恶必须离开他的时光。和儿子在一起才是真正的我，电影不过是童话故事。"

野心勃勃的费勒自然不愿意看见妻子荒废事业，当影片《蒂凡尼的早餐》向赫本发出邀请时，他率先答应下来，并苦口婆心地劝说妻子不要错过这个机会。别看费勒演技一般，但他确实很有眼光，赫本凭借《蒂凡尼的早餐》获得了奥斯卡奖的提名。

对于夫妻而言，本就该夫妻一体，能够旗鼓相当更好，如果是一方强一方弱也没关系。但费勒想不通这个道理，他眼中看到的是妻子的光芒盖过了他。当然，如果换位思考的话，费勒的处境确实不舒服，许多制片人表面上是来找他谈合作，但实际上是在打赫本的主意。所以，他内心苦闷，却又无处释放。

赫本天真地以为，他们有了自己的孩子，就可以和好如初，重回当年的亲密无间。谁知道，男人的心比女人的心更善变。就在她全身心地扑在家庭上的时候，费勒却和别的女人同进同出。此时的赫本，被婚姻的痛苦折磨着，只能独自神伤。

为了缓解痛苦，赫本不顾疲惫的身心，一连接下几部戏。

1962年7月，她与曾经的恋人霍尔登再度合作，共同出演《巴黎假期》；同年10月，她与加里·格兰特搭档，拍摄了《谜中谜》，两个人都是实力派，影片上映后获得了不错的口碑；1963

年，她出演《窈窕淑女》中的女主角伊莱莎，差一点就拿到了奥斯卡最佳女演员奖，单说演技她是无可挑剔的，只不过需要她唱歌的部分由专业歌手代替了，所以与大奖擦肩而过。

遗憾的是，一连串的工作不但没有抚平感情的创伤，她反而在忙碌过后，发现他们的婚姻已经走到了末路。费勒铁了心不打算挽救这段感情，赫本无能为力，但即便将就度日，她也不愿意让自己的孩子失去父爱。

在赫本的童年时光中，父亲的疼爱就是一件奢侈品，因为父母感情不和，导致她从小就生活在一个破碎的家庭中。她之所以渴望婚姻，是希望从婚姻中得到庇护；她渴望成为母亲，是希望拥有一个属于自己的完整家庭；她不愿意离婚，是不忍心肖恩像自己一样，小小年纪就要承受父母离婚的痛苦。

1965年，在巴黎，赫本出演犯罪电影《偷龙转凤》，跟她搭档的是彼德·奥图。故事发生在一个漂亮的骗子和一个优雅的小偷之间，比起赫本之前的作品，这部电影少了几分天真与轻松，多了几分黑色幽默和讽刺意味，上映之后，又是一部叫好又叫座的电影。

在工作之余，赫本也没忘记生活，她在1965年买下了一座农场，地点在莫尔日，距离日内瓦机场半小时车程，农场已经有二百多年的历史了，她取名为"和平之邸"。

在拍摄《偷龙转凤》的时候，费勒还曾来看望赫本。在他离开后没多久，赫本就怀孕了，然而很可惜，过完圣诞节不久后，孩子又没能保住。

又一次流产，让赫本濒临崩溃，她承受了太多考验，她此时太需要对抗苦难的力量和勇气了。好在，她不是只会一味沉沦直至丧失全部斗志的人，一有时间，她就会通过散步和游泳来调整心态，而且很有效果。

1967年，费勒作为制片人，邀请赫本出演《盲女惊魂记》，她愉快地应了下来，但接下来发生的一切，都将她推向了深渊。

按照赫本一贯的行事作风，她会认真对待每一个角色，而且这次又比较特殊，所以她不敢有半点懈怠，认认真真地为演好盲女做准备。她不但去盲人学校学习点字法，还特意去适应盲人的生活，比如把眼睛蒙起来，去真真正正地体会盲人是如何生活的。

要是换作其他人，能遇到如此敬业的演员，一定会备受感动和鼓舞。然而，费勒看着妻子为演好角色如此费心费力时，不但不领情，反而视而不见，认为她做得还是不够好，并要求她戴上乳白色的隐形眼镜。对于他的要求，赫本并不同意，但费勒固执己见，为了让她妥协，还找来其他人帮着他一起说服赫本。

心软的赫本最终还是妥协了，她克制着不满与无奈，顺从了费勒的一切安排。她尽心尽力地贡献着自己的演技，出色地完成了每一场戏，最终不负众望，也获得了奥斯卡奖的提名，这就是对她莫大的认可。

在结束了《盲女惊魂记》的拍摄后，赫本决定息影，打算全身心地照顾孩子。在闪耀的明星和普通的母亲之间，她选择了后者，选择回归平淡却真实的生活。

对于费勒来说，赫本的息影无疑对他造成了重大的影响，他坚决反对，但这一次，她没有妥协。当两个人都无法各退一步的时候，婚姻也就走到了尽头。

费勒总是喜欢向赫本提出建议，关于她未来接拍什么类型的影片，关于她未来适合什么样的角色……然而他忽视了很重要的一点，赫本不愿意讨论这些。当赫本故作沉默时，他又开始挑起其他令人不悦的话题，比如关于纪梵希的香水"禁忌"。

当时，纪梵希特意为赫本独家设计了一款香水，并且承诺在一年之内，这款香水专属于赫本一个人。一年之后，这款香水才会上市。他讨厌纪梵希依靠赫本进行零成本的宣传，他抱怨说："看在老天的份上，她连买他为她设计的衣服，都没有折扣。至于香水，你不觉得他应该送她成桶成桶的香水当礼物吗？她还得自己买——一毛都不打折！"

费勒为了向纪梵希索取酬劳，不惜瞒着赫本亲自去接洽。纪梵希在得知他的来意后，没有片刻犹豫就直接答应下来。不收取任何酬劳，是赫本对这段友谊的肯定，她解释说："我不想要纪梵希给我任何报酬。我不需要他的钱——他是我的朋友，如果我帮他建立起他的香水事业，那正是朋友该尽的义务。如果有人给我100万美元，要我为香水做广告，我不会答应——但纪梵希是我的朋友，我什么都不要。没错，我宁可自己到店里以零售价购买他的香水。"

或许，从一开始，赫本就不该与费勒在一起。他们从产生隔阂到疏远，再到冷漠，也不过短短几年。

1967年夏天,赫本和费勒选择分居,赫本还提出了离婚。第二年,两个人正式离婚,曾经的夫妻变成了最熟悉的陌生人,从此一别两宽。

离婚后,赫本坦言:"如同疾病,我完全恢复了,现在的我,自由而平静。"

重获自由的两个人,也在不久后又收获了新的爱情。后来,两人只在肖恩的毕业典礼和婚礼上有过联系。

纪梵希回忆说:"她从来没有说过费勒先生的坏话,即使情况极糟时也是。为了拯救婚姻,她做了极大的让步。"儿子肖恩从来没有从母亲口中听到有关父亲的坏话,但他通过母亲的言行也大概能了解,他说:"她觉得他应该负全责。表面看来似乎是如此,因为他比较难处……从任何方面来看,他都不是容易应付的人。他极有才华,博学多闻,在她做选择和她遵循的标准上扮演极重要的角色……但她忍受这段婚姻太长时间,(给她)带来非常不利的影响,让她对婚姻(的失败)一再地做出反应。"

爱过,恨过,以为可以白头偕老,所以不计后果地付出,但往往事与愿违。曾经的如胶似漆,在时间的检验下,逐渐褪色,取而代之的是生活的一地鸡毛。

或许,是人性的弱点作祟,让爱情难以永恒。当激情退却,徒留满腹牢骚。

05 惘然

为了诠释好修女这个角色,赫本与安德森夜以继日地讨论,面对如此敬业的演员,安德森大加称赞:"我崇拜她,我敬重她的才华。"

小时候,赫本就喜欢骑单车,长大后,她依旧把骑单车当作一种消遣,她骑着车子悠闲地在片场、街道上穿梭。1957年酷热的夏天,安德森特意在《修女传》的剧本中加入了几个路加修女和单车的片段。除此之外,他还将自己与赫本的恋情写进了自己的小说,并取名为《惘然》。书中的男主角克里斯和女主角玛丽安正是他们自己,女主角热情却有所保留,一如赫本。

1957年,安德森40岁,与费勒同岁,气质上与费勒也有相似之处,两个人都属于文质彬彬的类型。安德森是个名副其实的学霸,就读于哈佛大学,轻松拿到了学士和硕士学位,并修完了博士的必修学分。后来,赶上二战爆发,他放弃学业投身海军,因为突出的表现而荣获铜星勋章。铜星勋章是1944年根据总统令首次设立的,授予那些在与敌对武装力量的作战中表现异常英勇、功绩卓著或服役优异的人员,可见安德森的表现确实优异。

23岁时,他与戏剧制作人兼作家菲利斯·史托尔完婚,这是一段相差十岁的姐弟恋,虽说年纪相差悬殊,但两个人相处融洽。正是有了妻子的鼓励和督促,安德森在写作上格外用功,终于在1953年时,凭借剧作《茶与同情》崭露头角,到了1957年,更是成为炙手可热的剧作家。

就在他的剧作生涯欣欣向荣的时候,妻子却被癌症击垮了。安德森细致入微地照顾着妻子,三年的时间中,毫无怨言。不幸的是,他还是没能留住她。妻子的去世,让这个一向要强的男人失去了活力,他沉浸在痛失爱妻的悲伤中。时时刻刻,他都忘不了妻子,面对亲友时,他会提到她;面对学生时,他会提到她;面对媒体时,他还是会提到她;哪怕是再婚后,他都一直保持着这个习惯。一切都是那么自然,却又那么感伤。

赫本清楚,安德森的爱意汹涌不过是出于自身的寂寞。就像玛丽安面对克里斯的表白时,说道:"你并不了解我……你自以为你感受到的热情是出于目前的情况,与我无关。我的意思是,要崇拜欣赏,想把个人的生命交付到另一个人手中……你的情况很特别,你这么容易受感动。你的情感很美,但我觉得这封信并不是针对我,而是针对你心里某种渴切的需求,要填补空虚、空洞,再次归属于某人。"

在夏天快要结束的时候,赫本与杰克·华纳签了约,她可以获得25万美元的片酬以及电影净收入的一成,这份合约帮助她在四年内入账将近400万美元。

从费勒身边回来后，赫本与安德森来到纽约，她在安德森的公寓中打发时间。几天后，赫本返回欧洲，安德森则准备前往非洲。

在改编《修女传》的过程中，安德森非常注重细节，他努力忠于原著，几乎将小说中的对话都保留了下来。《修女传》本身就有很强的戏剧性，在他的加工下，更适合搬上银幕了。

赫本也积极参与了影片的制作，9月底，辛尼曼及安德森从非洲返回罗马，三个人就聚在一起。在拍片地，赫本跟着当地的医生学习如何使用手术工具，同时深入了解并体会修女的生活细节。

在加州，赫本租住在黛博拉·蔻儿的房子中，有了落脚点，她就开始不断去拜访凯特和路，向他们请教关于修女的一系列问题，包括修女的日常穿着及言行。

起初，赫本还有些拘谨，但在路和凯特向她询问了许多有关生活、事业的问题后，她就慢慢解开了心结，三个人谈天说地，由此结下了友谊。巧的是，他们三个人的姓氏都以H字母开头，所以朋友们给她们起了一个名字，叫"三H俱乐部"。

11月19日，赫本写信给辛尼曼："我认为我们对路加修女的想法略有差异。我对路加在剧终时自称'失败者'有些困扰，她聪明过人，不该有这种我觉得有点假惺惺的说法。我依然希望在故事中能表达她当修女虽然失败，但能够恢复自由之身，有更多奉献，希望和信仰获得了重生。我依然希望故事结束时，她能感受到某种坚强的新开始,而非让她感到沮丧,刻意为修道院找借口。我和你一样,希望故事的结局一半一半,让修女和修道院都不致成为负面的角色。"辛尼曼支持赫本的想法,剧本也随之发生了相应的改变。

辛尼曼回忆说:"我们聚在一起谈路加修女这个角色……我们谈到路加修女的个性如何发展,她与其他角色如何应对。我们花了许多时间商讨细节,并谈论路加修女的想法……因此,她对这个角色逐渐有了具体概念,尤其在修道院看到修女的生活后,她更是胸有成竹。"

他们一起花了大量的时间去拜访修道院及精神病院。他们的任务是严肃且艰巨的,不但要真实还原修道院的种种仪式及日常生活,还要避免被天主教徒指责非难。

他们得到了许多专业人士的协助,哈洛德·加迪纳神父就是其中一位,他是耶稣会学者兼《美国》周刊文学主编,看过剧本后,他非但没有指责,反而大加赞美。

罗马电影办公室也派了一群道明会修士来协助拍摄,他们在认真看过剧本后,提议有一两处小细节需要修改,辛尼曼说,"他们的谨慎最终成了信任,最后化为慷慨的协助;没有他们,这部影片不可能完成。"

《修女传》可谓众星云集,有英国舞台剧女演员佩姬·艾许克洛夫特女爵、伊迪丝·艾文丝女爵、彼得·芬治、米蕾·唐娜克、史崔特、帕特里夏·科林奇、鲁思·怀特、玛格丽特·菲利普斯、尼尔·麦金尼、莱诺·杰佛里斯、芭芭拉·欧尼尔、柯琳·杜赫斯特和史蒂芬·穆瑞。

演员们受到邀约后，几乎是第一时间答应下来，因为不论是与赫本同台的机会，还是精彩绝伦的剧本，都让她们难以拒绝。艾许克洛夫特说："当时我很少接电影片约，但这部片子绝不可以放弃。我极欣赏奥黛丽·赫本，而且剧本实在写得精彩。"

主演阵容强大，配角们也是百里挑一。辛尼曼说："还向罗马歌剧院的芭蕾舞团借了20名舞者，由两名道明会修女训练，其中一位修女是大学教授。至于修女的特写镜头，需要凸显个性，而我们在罗马的贵族身上看到这些特色：每天清晨五点，一堆公主和女爵乘着劳斯莱斯或奔驰来上工，她们穿上修女服，感觉简直好极了。"

帕特里夏·包斯华是年轻的纽约舞台剧演员，她是在安德森的推荐下出演《修女传》的。在拍片前，同赫本她们一样，她也会造访修道院，并在救世主医院学习如何照顾病人，以及修女如何受训。

辛尼曼说："有一个法国教会准许我们，让几位主要的女演员分住不同的修道院，让她们体验修道院的生活，从清晨五点半的早祷，到一日结束时的静思。我把我的'修女'全部安排到不同的修道院……我每天到各个修道院去看她们适应得如何，当我钻出温暖的出租车（当时是1月中，巴黎的冬天酷寒，而修道院多半没有暖气），经常看到她们一个个冻得发紫，对剧中角色却非常投入又很兴奋。"

辛尼曼还说，整个准备过程就是"一个发掘内在的心路历程，对每一位参与《修女传》的人来说，都是极私密的经历"。

06 / 真正的修女

能够为角色全身心付出的演员,从某种程度上来说,就是一名优秀的演员,赫本为了将修女的角色演绎到完美,可是没少下功夫。

在正式开拍前,演员和剧组人员都打了热病的预防针,准备充分后动身前往比属刚果。1958年1月28日,《修女传》正式开拍。有些临时演员就是当地人,他们都很热情。

比属刚果湿热难耐,到处都是蚊虫。这次拍摄实属不易。赫本回忆说:"拍片过程非常艰苦,有时让人筋疲力尽,但因为我们和当地社群亲密互动,那成为我最棒的拍片经历。"

3月23日,正在拍摄的赫本觉得腹部疼痛难忍,突然就晕了过去,工作人员赶紧将她送到医院救治。诊断结果是肾结石发作,在注射吗啡后才有所缓解,庆幸的是,在没有开刀的情况下,结石顺利排出,她休息了几天后,继续参与拍摄。

在此之前,赫本从来没有亲眼见过手术的情形,但在这次拍摄现场，她目睹了两次，一次是切除恶性肿瘤，一次是剖腹产，血淋淋的场面着实让她受到了惊吓，毕竟作为普通人，谁也不会习惯这么"血腥"的场面。

辛尼曼说："25年来，我对奥黛丽演技巧妙而稳定的进步非常惊讶。她在潜意识中，对所有演出都有独立的表现。例如拍摄迟到的一幕时，她匆匆跑来，却流露出内心的沉静。再如所有女孩面对总修女都会伏在地上，她却好奇地露出一只眼睛。"

安德森追随在赫本左右。好莱坞、纽约、罗马、巴黎、布鲁塞尔、比属刚果……赫本出现在哪里，安德森就出现在哪里，形影不离。安德森无疑是一个不错的伴侣，他有着出众的外表、不俗的内在，他才华横溢，受人敬重，待人接物都很有教养。他倾心于赫本，时刻惦念着她，凡事都以她的感受为先，这一切都是赫本需要的，但可惜，安德森再一次伤害了她。

当赫本向他吐露想成为母亲的心声后，他没有觉得开心，反而无奈地告诉她，他天生不育，这辈子都不会成为父亲。在这一刻，就如同往事重现，曾经的霍尔登也是如此，无法满足她成为母亲的心愿。

他们能够给予她的，有很多，但她最想要的，他们却都给不了。这段感情就此结束。

对赫本来说，安德森再一次深深地伤害了她，她甚至不愿意再做回朋友。爱就爱了，但不爱就是不爱了，与其做无谓的纠缠，倒不如断得一干二净，把前尘往事统统忘掉。当然，安德森也同样无法释怀，他渴望获悉她的消息，但一段感情就如云如烟，一旦消散就再难重见了，只能在某个清晨或午后，后悔、遗憾地回忆往事，所以珍惜当下适用于所有人。

丽·埃德蒙修女是导演的顾问之一，在观看过电影后，她在信中写道："义工那个部分似乎有点夸张——有时她们好像住在军营里似的！而且一切似乎是为了追求个人的完美，而非对上帝的爱。奥黛丽·赫本非常有技巧地把她那个困难的部分诠释得很好，她和其他女演员都没有任何荒唐之处，不像其他电影……不过路加修女和其他姊妹似乎颇受限制：她们扼杀了一切人性的部分，生活得极为拘谨（刚果部分除外）。她们几乎没有任何友谊关系，有时在宗教生活中是如此，对新人有某种局限，不过这绝对不是整个宗教生活的真相。"

与赫本的其他作品不同，在《修女传》中，没有精心为她量身定制的华丽服装，也没有精益求精的化妆加持，在这里，她完全凭借自身的演绎，她的脸庞、她的形态、她的表情以及每一个动作，都在传递着角色的内心世界，一个在经历过磨难之后愈发成熟坚韧的灵魂。

路加修女是赫本演绎过的角色中，与她灵魂最契合的一个，她似乎不是在演绎一个角色，而是全身心地融入角色中成为这个角色，她就是路加修女，为观众所呈现的就是路加修女身上真实发生的一切，如此鲜活生动，又如此深刻自然。

影评人史丹利·考夫曼点评说："对相信世俗生活是人生目的和价值的人而言，修道院的想法令人退避三舍。但在赫本小姐的精彩演出下，这部影片让即使不信教的人，都不免对这些已经找到正路的人产生嫉妒之心。而这正是路加修女的故事主旨。"

多年以后,赫本说:"母亲常告诉我们,人要有用,施比受更有福。而在饰演路加修女时,这点非常有用。而且我发现,在我养成修女的习惯后,心中就有所感。"从角色中升华自我,再通过完善自我更好地演绎角色,这就是赫本作为演员的自我修养。

辛尼曼写信给弗林斯说:"奥黛丽更成熟了,我从没见过比她更有纪律、更亲切、更忠于工作的人。她不自大,也不要求额外的待遇,总是非常体恤共事者……她在非常艰难的环境下,证明自己是伟大的演员。"一部《修女传》让辛尼曼彻底成为赫本的拥护者,他在与其他演员进行书信往来时,总忘不了提到赫本,并由衷地赞美她。

为了更好地融入角色,赫本努力让自己安静下来,有意增加独处的时间。她试着按照修女的方式去生活,不照镜子,也不听广播。

路加修女对精神病院院长克里斯多福修女说:"我想,人总会到达某个休憩之处,会自然而然地服从,不再挣扎奋斗。"克里斯多福修女说道:"永远不会有休憩之处,但对自己一定要有耐心。"这是修女们的对话,也是赫本的内心独白。她曾说过:"(路加修女的)这部分很适合我的个性。"

《修女传》的拍摄耗时耗力,赫本几乎出现在每一个镜头里,辛尼曼多次试图加快拍戏的速度,但"加班"还是难免的。一旦拍摄时间超过晚上七点,暂且不说其他人的状态如何,就连精力过人的赫本都扛不住,哪怕休息了一晚之后,依旧会有疲态。辛尼曼感叹说:"我在影坛还没有见过像她这么拼命的。"

从始至终,不论是默默无闻的小演员,还是声名显赫的大明星,她都保持着一颗平常心。对待万事万物,她都秉持着敬畏之心,从不把自己看作高高在上的人,与她交往的人,都能感受到她的细心体贴,哪怕情绪有较大的波动起伏,她也力求保持沉稳,不愿给别人造成麻烦。

路加修女这个角色带给赫本一种内在的成长。她说:"看过精神病院、走访麻风诊所、与教会人员深谈、目睹手术过程后,我的内心得到了更深一层的平静。"

4月7日,她写信给凯特和路:"……我只能告诉你们,现在的赫本和1958年元旦(《修女传》开拍前)的赫本,已经大不相同。我看到、听到、学到如此多的东西,丰富的经历让我收获丰硕,使我脱胎换骨……探究路加修女的心灵和想法,让我不得不深入探索自己。如此这般耕耘我的灵魂,我所体验的一切已经在沃土中播下种子,希望能收获一个更美好的奥黛丽……希望这一切听起来不会太花哨,只恨我的词汇太贫乏,难以形容你们快乐神学生的喜悦和感激于万一……"

她的表现征服了一众影评人,大家希望她能"让那些永远认为她只是一个女孩象征的观众闭嘴。奥黛丽在《修女传》中展现表演才华,有技巧地呈现内心深处复杂的情感,一定要仔细地再三看,才能了解她是怎么办到的"。

路加修女是赫本从业以来最困难的角色,但也是她最伟大的表演之一。

安德森写信给凯特和路说:"昨天音乐厅的情况实在精彩极了。一整天人都几乎排到第五大道,来了成千上万观众,这是无线电城音乐厅史上最盛大的首映日之一……佛莱德和我一起看了晚上那场放映。当然,对我们来说,《修女传》永远不会结束。"

人们为了买票,甚至不惜花费五个小时来排队。7月,影片在全美上映,华纳兄弟凭借这部影片赚得盆满钵满,不夸张地说,这是华纳兄弟公司收入最丰的电影。

赫本去世后,挚友罗伯特·沃德斯说:"最能反映奥黛丽个性的影片就是《修女传》,因为她虽然生性幽默,但就像路加修女一样喜欢思索反省。这部影片和剧中角色最像她在骚动混乱中的时刻,在她面对难解的困境时。"正是因为路加修女有太多她的影子,沃德斯再也无法观看这部影片。

肖恩成年后,谈及母亲对这部影片的看法时说:"母亲最自豪的影片就是《修女传》,剧本精彩严肃,一点也不虚浮。她认为这部影片非常重要。"

拍摄《修女传》的这一年,赫本29岁,她期待着自己能够走向更远的地方,即便不知道目的地在何方,甚至不清楚方向在哪里。

07 / 蒂凡尼的早餐

哪怕对赫本感到陌生的人,也一定听说过《蒂凡尼的早餐》,这部影片对赫本来说意义非凡。1961年10月5日在美国上映的《蒂凡尼的早餐》,奠定了赫本在时尚界的地位,她成为优雅和时尚的代言人,她本身就完美地诠释了优雅。

《蒂凡尼的早餐》改编自波特1950年出版的同名小说,农家少女霍莉·戈莱特憧憬着摆脱贫困,跻身上流社会,从而过上纸醉金迷的生活,所以来到纽约当起了交际花。与戈莱特住在同一栋公寓的作家保罗·瓦杰克,在与她相识相知的过程中,爱上了她,但她一心追求优越的物质生活,两个人决裂后,戈莱特历经种种后幡然醒悟,原来真正的幸福不在财富里,最终在一场瓢泼大雨中,她戴着瓦杰克送给她的戒指,与他相拥在一起。

赫本凭借《蒂凡尼的早餐》获得了第6届意大利大卫奖最佳外国女演员的奖项,她也获得第34届奥斯卡金像奖最佳女主角的提名,还获得第19届美国金球奖电影类-音乐喜剧类最佳女主角的提名。

这部影片也斩获颇丰,获得了第34届奥斯卡金像奖最佳原创歌曲、最佳配乐奖(剧情、喜剧类),并获得最佳改编剧本和最佳艺术指导的提名。

赫本饰演的霍莉·戈莱特,毫不掩饰地拜金,却又不失纯真,看似随性洒脱,却又不失性感,在不羁浪荡之中又有着纤细的神经。可以说,赫本将这个角色塑造得丰满又成功。当她在返回公寓的路上,一边吃早餐,一边目不转睛地盯着蒂凡尼橱窗里的珠宝时,展现出她对珠宝和金钱的强烈渴望;当她唱着《月亮河》倾诉心声时,那个表面坚强,内心却柔软无比的姑娘怎能不让人动心!

在拍摄宣传照的时候,赫本所佩戴的珠宝多半是假货,蒂凡尼知道后,立马联系赫本,并献宝似的拿出了高额合约,希望她能为蒂凡尼拍摄广告。面对如此巨大的诱惑,赫本直接拒绝了,她说,"我的形象永远不会是'钻石小姐'"。

当初读完剧本后,赫本就明确表示非常喜欢,但她也有顾虑,担心自己缺乏喜感,又很内向,而这个角色需要活泼的演员,所以感觉自己并不适合这个角色。后来架不住周围的人都在劝她试一试,所以她接了下来。但在拍摄过程中,她也坦言"很受折磨",她说自己一边演,一边觉得自己演得不是最好。就在这种一边努力一边自我否定中,她赋予了这个角色更丰满立体的灵魂。

导演布莱克·爱德华兹后来说:"虽然她显得很不安,却很坚强。"了解她的人一定知道，她向来如此，极其缺乏安全感。为了安抚她，爱德华和作曲家亨利·曼西尼一再鼓励她，并且还特意给她"量身定制"创作了一首歌——《月亮河》。他们肯定没想到，这件事不但没能给她力量，反而吓了她一跳，要知道，她之前在《甜姐儿》中唱了一段，效果不是很好，这也让她很受伤。如今，又要让她唱歌，她心里就更慌张了。为了唱好，她请来发音老师和吉他老师，唱到直到她自己觉得满意，才开始录制。

曼西尼回忆说："对一名作曲家来说，很少会仅仅因为一个人，因为她的容貌或者人格而被激发出创作灵感，但是有一个人真的做到了。她不仅仅激发我写出了《月亮河》，还有《谜中谜》和《丽人行》。如果你听过这些歌曲，你一定能够猜出是谁激发我的创作灵感，因为在这些歌曲中都明显带有奥黛丽强烈的个人气质——一种淡淡的忧伤。通常来说，我需要完整地看一遍电影，才能够为电影谱写音乐，不过创作这几首曲子的时候，我只是看了剧本而已。当我第一次遇见奥黛丽的时候，我就知道《月亮河》会成为一首非常受欢迎的歌。我了解她的声音特质，我早就相信她能够把《月亮河》演绎得尽善尽美，没有人比她更能够体会这首歌的含义，也没有人比她更能够表现出自己的感受，时至今日，仍是如此。"

公司认为许多背景音乐都很多余，打算都删掉，但赫本坚决反对。她在写给曼西尼的信中说道："没有音乐的电影就像没有燃料的飞机，无论制作得多美，我们仍然留在地面，留在现实世界。你的音乐载着我们起飞翱翔,凡是我们不能用言辞说、用行动做的一切,你都为我们表达了。你用这么丰富的想象力、趣味和美完成这一切,你是最会歌唱的猫、最敏感的作曲家!谢谢你!"

在拍摄过程中,赫本又交到了好朋友——尼尔。赫本邀请尼尔来家中小聚,尼尔回忆说:"我记得那是要工作的平常日子。拍片期间,梅尔对她管得非常严,因此我们喝了一杯酒,吃了一顿清淡的饭,就道了晚安。我回到家时,太阳还没下山呢。"

《蒂凡尼的早餐》从小说到影片,其实改动很大。卡波特说,"这本书原本很辛辣","霍莉一角是实际存在的——不是像奥黛丽那样的角色。我心目中首选的演员是玛丽莲·梦露,她应该能完美演出我想要的味道。霍莉有某种感人的特质,梦露就有这样的特点。但派拉蒙否定了我的看法,把角色给了奥黛丽·赫本。"

"我不是霍莉,也不是卢拉·梅——我不知道我是谁!我就像这只猫——我们是一对没有名字的可怜虫。我们不属于任何人,也没有任何人属于我们——我们甚至不属于彼此!"1961年,这部影片让数百万影迷为之感动,至今仍有魅力。

Part

回归平凡

赫本说:"我不会因年华老去而烦恼,却会因寂寞而痛苦。"

01　不被看好的姐弟恋

男女本身在思维逻辑上就存在差异，年轻的男人可以很成熟，成熟的女人也可以有幼稚的一面，所以姐弟恋也可以很甜。

当费勒从赫本的人生中退场后，她的生活似乎发生了翻天覆地的变化。不会再有人轻易左右她的想法，让她去接自己根本不感兴趣的剧本；不会再有人催着她去接受各式各样的采访，逼着她站在媒体面前；也不会再有人跟她为鸡毛蒜皮的小事争吵不休……她的生活又回归平静，如释重负般重新开始。

息影的决定是对是错，或许只有她自己能判断。她获得了向往已久的自由，但也失去了往日的热闹。曾经追随在她身后的导演和制片人，消失了；曾经在摄影机前演绎不同角色、拥有不同经历的那个电影明星，消失了。在和平之邸，她一边享受着自由，一边忍受着落寞。

39岁的赫本开始重新思考自己的人生规划。

在意大利拍片的时候，她与罗瓦塔莉伯爵夫人成为好友，当她息影之后，来意大利游玩的时候，罗瓦塔莉伯爵夫人热情地招待她，为她安排食宿，陪她去海滨郊游，如果有运动赛事，也会陪她一起参加。

除了亲自陪同，罗瓦塔莉伯爵夫人还将赫本介绍给自己所有的朋友，努力让她在意大利收获快乐。当然，作为知心好友，罗瓦塔莉伯爵夫人还热衷于为她寻觅良缘。在她的安排下，斗牛士安东尼·奥多尼兹、阿方索亲王以及马里诺·托洛尼亚王子都与赫本见过面，可惜，赫本对他们并不来电。

缘分来了，真是挡也挡不住。

1968年6月，作为赫本好友的奥利匹娅公主，邀请赫本一起搭乘游艇巡游希腊。奥利匹娅公主和罗瓦塔莉伯爵夫人都对赫本的终身大事保持着高度关注，这一次，公主想要将自己的哥哥介绍给赫本。既然是好朋友，能介绍给赫本的人自然都是非常优秀的，至少在他们看来，是能够与赫本匹配的，但爱情向来不是依靠优秀或其他品质来进行配对的。

所有人都无法预料，原来赫本的意中人就在这一行人中。

当那个长相英俊、略带孩子气的大男孩出现在赫本面前时，她沉寂已久的心开始复苏了。

多蒂比赫本小，这段姐弟恋并不被看好。

与赫本相遇之前，多蒂就是赫本的影迷，在游艇上，能有机会与她相识，自然是他最期待的事情。他是一位心理医生，在当地很有名望，从他与赫本的相识、相知、相恋中就不难看出，他确实擅长拿捏人心，尤其当对方是一位略带忧郁的单身女士时。

与多蒂在一起的时候，赫本总是在笑着，她沉浸在爱的氛围中。她可以确定一点，眼前这个人能够让她重拾快乐。多蒂回忆说："不过情况并不是她来向我倾诉婚姻破裂之苦，也不是我以心理治疗师的身份给她建议。完全不是这样。我们是和朋友一起在游艇上的玩伴，我们的关系一天一天、慢慢地酝酿。"

她像所有热恋中的小女人一样，有格外明朗的心情，也会忍不住与好友分享，她告诉纪梵希："我又恋爱了，非常快乐。我不敢相信这样的事会发生在我身上，原本我几乎已经放弃了。"

当她来巴黎与纪梵希小聚时，纪梵希也发现她有了一些明显的变化，他回忆说："认识多蒂之后，她丰润了些——当然不是脸圆，那不是奥黛丽。但她很快乐，而她的身体显示了这一点。"就在奥利匹娅公主的游艇上，多蒂俘获了赫本尘封许久的芳心。

在希腊之游结束后，赫本与多蒂又单独去了罗马，两个人都不扭捏，快速确立了关系。从罗马回来后，赫本还邀请多蒂来和平之邸小聚，肖恩也很欢迎多蒂。三个人其乐融融，让赫本也很开心。

在此之前，面对感情，赫本会犹疑，会不安，但遇到多蒂之后，她似乎变得勇敢了。在平安夜，多蒂单膝跪地，拿出了一枚钻戒，向赫本求婚。赫本坚定地答应下来，没有半分犹豫。

1969年1月5日，距离赫本与费勒正式签署离婚文件刚刚过去四十多天，在莫尔日市政厅，赫本与多蒂举行了婚礼。挚友纪梵希为她量身定制了一套粉红色短连衣裙装，搭配粉红色软绸头巾，让她整个人多了几分俏皮可爱，很适合结婚的氛围。

许多朋友不看好赫本与多蒂的婚姻，他们担心赫本是一时冲动，被爱情冲昏了头脑，他们两个人可能并不合适。对赫本来说，她坚信自己的选择是正确的，在她眼中，多蒂是一个"文化无限深厚，说话无限迷人"的男人。

多蒂在接受记者采访时，笃定地说："我们全家当然会住在一起。我会努力做肖恩的好朋友，和他一起玩。我会教他不懂的事，而最重要的是，我会爱他。我们会是快乐的一家人。"

但赫本的十足信心，没能让她拥有理想的婚姻。

结婚之前，多蒂是钻石王老五，无拘无束地游走在花丛中。如今，他是知名影星赫本的丈夫，依旧备受欢迎。

知子莫如母，确实如此，多蒂的母亲——多曼尼可·多蒂伯爵夫人，与赫本相差14岁，她尊重儿子的选择，更支持他的贪玩，甚至在她看来，年轻人就应该畅快去玩。赫本同样能理解，只是希望自己的包容大度能够换来与多蒂一起终老。

婚后，赫本与多蒂在豪华公寓的顶层共筑爱巢，那是一段无比幸福的时光，赫本全心全意地为母亲和妻子的角色付出着。她享受着现在的生活，她感慨地说："我从12岁一直工作到38岁，觉得有必要放松一下，早上可以赖床，花时间照顾我的孩子。为什么我要再次工作，重拾我所拒绝的生活？"

赫本息影的这段日子，狗仔队可没闲着，他们在赫本家门口守候着。息影之前，赫本就讨厌将自己的生活暴露在大众面前，所以她将工作和生活分得很清楚，多蒂却正好相反，他甚至当起了赫本的"发言人"。面对媒体记者的连环追问，他很愿意花时间来应付他们，而且不止一次地对外宣称说，赫本一定会重返影坛。

前夫费勒最让赫本难以忍受的一点，就是他时常让赫本做一些违背她真心的事情，作为丈夫，本该处处为她着想，为她分忧，但他不顾她的意愿操控着她，多蒂明显也有这样的倾向。

在每一段感情中，赫本都有一个执念，那就是生孩子。与多蒂结婚后，这个执念自然也不会消失。庆幸的是，多蒂没有让她失望。1969年6月，赫本怀孕了。

为了不被狗仔打扰，赫本会在周末和节假日住在和平之邸，就这样，她在罗马和瑞士之间来回奔波。起初，多蒂还能收住心，与他们母子一起去和平之邸，慢慢地，他去的次数越来越少。

作为高龄产妇，赫本不得不万事小心，在距离预产期还有十周的时候，她决定留在和平之邸，以免去两地奔波的劳累。直到1970年2月8日，赫本的二儿子卢卡出生了。终于在多年后，她再次实现了愿望。

她告诉记者："我忙得不可开交，大家总问我做妻子、做母亲会不会无聊，不，一点也不……人需要时间生活，需要把时间花在你最在乎的事情上；对我而言，最重要的事莫过于养育儿子。孩子们当然可以自己长大，但他们必须有爱，这是他们无法自动自发得到的东西。"

本该陪在妻子和孩子身边的多蒂，非但没有尽心尽力地照顾他们，反而继续逍遥自在，与单身的时候别无二致。这让赫本不免有些担心，如果再不多加管束，多蒂或许就再也不属于她了。思量再三，赫本决定带着两个儿子与多蒂一起生活。

多蒂本就是一个喜欢交际的人，热衷于香槟美酒，所以在豪华公寓中，他最喜欢的就是宴请好友。他所追求的喧闹，正是赫本厌烦的，他们在把酒言欢的同时，就意味着与孩子相处的时间被剥夺了。

可问题就在这，多蒂不知道赫本讨厌无聊冗长的社交，她更喜欢与家人平平淡淡地生活；赫本也不知道多蒂对这一切全然不知，所以一直在忍受，却始终没有针对这件事进行沟通。当赫本在聚会上强颜欢笑时，多蒂认为她是在敷衍大家。

婚姻想要长久稳固，需要包容，也需要及时沟通，如果没有前者，两个人会争吵不休，如果没有后者，矛盾会积聚在心里，慢慢会变得难以调和，一旦爆发，就会伤害到感情。

日子就这样过了几年，赫本在一个恰当的时机，和多蒂达成一致，他们要卖掉豪华公寓，重新置办一处安静的房子。她要的不是与世隔绝，而是将时间更多地留给自己的家人。

息影的赫本也没有闲着，她还有两个可爱的小家伙需要她的照顾和陪伴。从清晨开始，赫本就忙碌了起来，她要一一将肖恩和卢卡叫醒，等他们起床后，要陪着他们吃早饭。之后，到了上学的时间，她要送两个孩子去上学；放学时间到了，她要接他们回家，继续照顾他们吃晚饭；闲暇时间，她会带着孩子们外出看电影，时不时去朋友家做客。

生活过得安逸又充实，一切都充满希望。

02 / 不变的是变化

如果一切按部就班，赫本会看着孩子一点点长大，她与多蒂会相爱到白头。可惜，世间唯一不变的就是变化，在突如其来的变化中，能否守住初心是一大挑战和考验。

1974年，罗马局势动荡，一夜之间，这里失去了往日的秩序，"赤军旅"横行街头，抢劫时有发生。但凡富有或是有政治地位的家庭，都成了他们攻击的对象，偷窃、绑架更是接连不断。

在如此不安的局势下，赫本最担心的就是两个孩子，经历过战争的她对眼前所发生的一切都充满恐慌。就在她担惊受怕的时候，多蒂出事了，他在诊所附近遭到绑架，多亏警察及时赶到，要不然后果不堪设想。

考虑到人身安全，赫本和多蒂协商一致，她要带着肖恩和卢卡回瑞士，她的首要任务就是保护好两个孩子，多蒂要做的就是留守在罗马，有空的时候去瑞士与妻儿团聚。

返回瑞士后，74岁的埃拉在夏天来到瑞士，她年事已高，一个人待在旧金山，赫本难免会惦念。来到瑞士与女儿同住，有人照顾她，她也希望能帮女儿照看这个家。然而，她毕竟已经70多岁了，身体大不如从前，疾病击垮了她，她不得不卧病休养，这一病就是将近十年。

如今，赫本拥有了向往的生活，变化却再一次发生了。

1975年，弗林斯给赫本送来了《罗宾汉与玛丽安》的剧本，在这之前，他也陆陆续续送来了不少剧本，但全都被她拒绝了，但这一次，她开始犹豫着要不要重返影坛。

《罗宾汉与玛丽安》是一个悲伤的故事，罗宾汉要参加十字军东征，与恋人玛丽安就此分别，这让玛丽安伤心欲绝，在他离开后，玛丽安进入修道院成为一名修女，决心斩断前尘往事。就这样过了20年，玛丽安成为修道院院长，时间治好了她的痛苦，如今的她早就已经放下一切，心如止水。

忽然，连年征战四方的罗宾汉回来了，他重获自由，返回家乡舍伍德森林，他想去看一看自己的恋人是不是一切都好。昔日的恋人见面，气氛刚刚好，两个人都不再年轻，20年的时间足以治愈一切，他们之间没有痛哭流涕，也没有难舍难分，见面似乎就是最好的结局。

但变故来了。诺丁汉州长在约翰王的命令下，来到罗宾汉的家乡，他下令所有高层人士立即离开，玛丽安坚决不同意，就在诺丁汉州长下令将她逮捕的时候，罗宾汉及时赶到救了她。再次见面，一切又都不一样了，哪怕人到中年，爱意依旧汹涌，他们重新相爱了。

在曾经相爱的地方,他们重拾相伴相知的幸福。然而,幸福是短暂的,诺丁汉州长下令将森林层层包围。罗宾汉没有坐以待毙,他将当地的村民召集起来,向对方发起反抗。在罗宾汉与诺丁汉州长的较量中,两个人都身负重伤,最终罗宾汉取得了胜利,可惜身体也完全垮了。

为了留在罗宾汉身边,玛丽安准备服毒自杀,她喝下毒药后,在罗宾汉不知情的情况下,也让他喝了毒药。当意识到所发生的一切后,他虚弱地说道:"把我们(他自己和玛丽安)葬在箭落地的地方。"随后,他拿出弓箭,用仅存的力气射向远方。

这段乱世情缘,让赫本动心了,她在1958年拍摄电影《修女传》时,出演过路加修女,如今时过境迁,她再一次有了出演修女的机会。而且片酬高达百万美元,拍摄时间只需要36天,钱多、时间短,这也是很诱人的条件。

最终让赫本下定决心的,还是多蒂的鼓励。她爱多蒂,她清楚地知道,多蒂希望自己的妻子一直保持光鲜亮丽,所以她权衡再三,还是决定接下这个剧本。阔别影坛八年,再次回到大众视线中,无疑是一种挑战。

对于赫本即将重返影坛这件事,媒体竞相报道着,努力宣传赫本即将"复出",但赫本对于"复出"两个字却有些不满,她反驳说:"我从没说过我不再演出。退休之后再拍片才叫'复出',我不是复出,只是也许永远不会再拍另一部电影!"

八年的变化,让赫本对拍摄略感陌生。她说:"我一开始拍电影，总会紧张。每一次拍片都是冒险，永远不知道结果如何。"在去往西班牙纳瓦尔的路上，赫本就开始抑制不住地紧张，她离开太久了，过度紧张导致身体出现了反应，她开始腹痛，双手也开始冒汗。

《罗宾汉与玛丽安》的导演是理查德·莱斯特，他的风格就是快速拍片，绝不会反复拍摄一个镜头，至于细节，他一概不在乎。向来追求精益求精的赫本，面对一心求快的导演，也只好默默去适应。

在拍摄过程中，有一组马车过河的镜头，突然发生了意外，赫本和其他三名演员全部落水，幸好河水比较浅，他们只是受到了惊吓。然而，落水之后，他们的衣服变得格外沉重，莱斯特却不管不顾，甚至觉得这样的场景无比真实，决定继续拍摄。

这一天，赫本硬扛了下来，她受风着凉，喉咙极不舒服，说话都开始沙哑。即便如此，莱斯特仍旧坚持拍摄。没有问候，没有关照，甚至不闻不问。一直以来，赫本待人接物都是谦卑的姿态，会处处考虑他人的感受，宁愿自己强装淡定，也不愿意因为自己对其他人产生不好的影响。正如理查德·薛帕德所说，即使面对希特勒，赫本也可以与他相处融洽，但在她心目中，莱斯特并不难忘。可见莱斯特有多过分。

36天的拍摄很快就结束了，如此"高效"的拍摄，赫本还是第一次经历。在这个过程中，赫本并不愉快，心里憋了许多委屈。当她想要向丈夫倾诉的时候，多蒂却与其他女人勾肩搭背，一起在夜总会寻开心。

赫本看着报纸上的新闻，多蒂的行为刺痛了她的心，他们的儿子卢卡只有5岁，他们的幸福也不过维持了几年而已。

起初，多蒂的解释是，他与她们只是朋友的关系。紧接着，他却又辩解说，"我又不是天使，意大利丈夫向来不以忠诚闻名"，多蒂的恬不知耻，让赫本哑口无言，只剩下无休止的失望。

牢不可破的婚姻关系，一定基于彼此的忠诚，一旦有了猜忌怀疑也就有了不可修复的隔阂和裂痕。最终，十之八九会以离婚收场。

还要离婚吗？赫本不是没有考虑过这个问题，对她来说，离婚可以轻松解决问题，但儿子卢卡不能如此轻易地失去父亲。大儿子肖恩已经失去了亲生父亲的疼爱，小儿子卢卡还要重走之前的老路吗？

痛定思痛，赫本决定尽全力维持这段已经变质的婚姻。在媒体面前，她会笑着告诉所有人，她的婚姻很美满，她很幸福。确实，在此之前，他们真的拥有过一段快乐的日子。那时候他们刚刚结婚，后来又有了小儿子卢卡，一家人围坐在一起吃午饭，一起畅所欲言，聊着各种各样的话题，气氛轻松融洽。在肖恩眼中，多蒂是一位好继父，他们这一家人也是一个快乐的大家庭。然而，人心善变，感情也往往没有定数。

之前所有人都不看好这段姐弟恋，赫本与多蒂本就是一静一动的两个人，一个渴望稳定，一个却偏偏玩心未定。他们注定不在一个节拍上，一个女人最大的赌注就是倾尽时间来等一个男人成熟。

03 / 千疮百孔

越是缺少什么,就越会极力掩盖什么,正如赫本千疮百孔的婚姻生活。

当《罗宾汉与玛丽安》需要进行采访来宣传时,赫本拒绝让记者来家中采访,她往往会去朋友家,比如阿瑞贝拉·安伽贺的家。

对此,赫本的理由竟然是跟洗澡有关,她说:"我的房子今天一滴水都没有,从6月到11月都没有热水。我得到我先生的工作室去洗澡。或许应该说,我去年夏天到西班牙拍《罗宾汉与玛丽安》就是为了能洗澡。"

或许其他人根本不会相信这么荒诞的解释,她却强行让自己相信。在内心深处,她对多蒂,对自己的这段婚姻,还抱有幻想。她相信自己的所作所为,能够感化多蒂,她愿意花时间与他重归于好。

她说:"为了孩子,我的两段婚姻都撑到最长的时间。你总希望若你爱某人爱得够多，一切都会改变——但这不一定会成真。"肖恩说："我相信打从一开始，她就了解多蒂的个性，只是梦想且期望着自己能改变他。当她发现无法做到时，不免极为失望。"

如果一段感情中，只有一个人在用心经营，那么与其继续耗费时间和精力，倒不如及时叫停，以便及时止损。

与多蒂的婚姻出现问题后，对内，赫本在极力挽救；对外，她则是努力掩饰。当她与多蒂前往纽约为《罗宾汉与玛丽安》进行宣传时，本来已经同意的赫本，却在即将要上节目的时候退却了。这么做，完全是出于逃避，她担心多蒂会透露太多他们的私生活，一旦他将他们的真实生活说出来，对赫本来说无疑是一场灾难。

与多蒂结婚之前，赫本是一个极力配合媒体工作的人，她知道自己该说什么、该做什么，一切都是为了工作而已。但如今，她害怕面对媒体，害怕那些尖锐的问题，就仿佛要把她的伤口扯开给所有人看。

1976年3月，在奥斯卡颁奖典礼上，赫本作为嘉宾，负责上台宣布最佳影片的得主。站在台上，她依旧是万众瞩目的焦点。然而，在后台的时候，她像是第一次参加奥斯卡颁奖礼的新人，抑制不住地紧张。最后，她以钱包丢了为理由，拒绝接受采访。

婚姻不幸、夫妻不和，就是她最大的秘密，如果可以，她希望其他人永远都不会知道。

然而，多蒂不懂赫本的用心，他不知道妻子是在给他回心转意的机会，他想要的是不被束缚的自由。1978年，多蒂彻底背叛了赫本。在妻子不在家的时候，他竟然将其他女人带回来偷情。

这让赫本难以接受，多蒂已经突破了她的底线，这一次，她决定不再包容、不再挽留，毅然决然地选择离婚，结束这段错误的关系。她不得不承认，多蒂比费勒好不到哪里去。

即便多蒂的出轨才是导致婚姻破裂的罪魁祸首，赫本却仍在自我反思，她变得郁郁寡欢，将所有过错揽在自己身上，一度想要结束生命来获得解脱。

就在深陷绝望的时候，老友杨带着他的剧本《朱门血痕》找到了她。

在老友面前，赫本终于不再强装坚强，她撕心裂肺地哭着，昔日的委屈、无奈都发泄了出来。她与杨相识于荷兰的一家诊所，杨在战场上受伤，最终历经千辛万苦才活了过来。战争的无情，都没能打垮她，如今为了一个浪荡公子，她却想放弃宝贵的生命。反思过后，赫本开始重新审视自己的人生。

《朱门血痕》的剧本改编自畅销小说家西德尼·谢尔顿的同名小说，讲述了一名国际大企业多国制药公司的总裁山姆·洛夫在登山时突然离奇丧命，他的女儿伊丽莎白·洛夫不得不继承父业，开始掌控家族企业。检察官玛克斯·荷芒在一开始确定山姆·洛夫的死亡是一起意外事故，但后来认定是一起谋杀案。同时，伊丽莎白·洛夫也在暗中追查杀父仇人，在这一过程中，情节跌宕起伏。

此时，赫本几乎没有什么顾虑了，大儿子肖恩在瑞士读大学,小儿子卢卡在罗马读书,现在她只需要考虑自己的需求。

《朱门血痕》的剧本为了赫本出演做了很大的改动,整个故事看起来确实比较无聊乏味,好在酬劳丰厚,除了赫本,班·加萨拉、詹姆斯·梅逊、伊莲·巴佩斯、米歇尔·菲利普丝、奥玛·雪瑞夫以及史崔特都加入了演员团。史崔特是赫本的老朋友,他们在拍摄《修女传》时结下了友谊。

史崔特回忆说:"巴佩斯不断说,她忘了怎么演戏;梅逊喃喃自语,说日后若他制作执导,不再拍电影;自己带保镖来的奥黛丽则决定,她宁可被黑手党绑架,也不想完成这部影片——所以总体说来,这部片子不是最好的。"赫本需要时间去适应从母亲到演员的角色转变,她不得不依靠香烟来对抗焦虑。

这也是赫本一生中唯一一部R级电影。1979年6月,《朱门血痕》上映后,批评声不绝于耳,有人说剧本拙劣,简直无聊透顶,有人说情节突兀拖沓,有人说各种铺垫都极其糟糕……影片没有获得成功,但它的出现挽救了赫本的生命。

实际上,赫本是非常想要有所突破的,她也很想证明自己的价值。她曾拒绝别人称她为明星,她谦虚地说,"伊丽莎白·泰勒才是明星,我当年只不过是为了生存才来到这个行业,我什么都不是。"可见,她内心深处还是略带苦涩的,她真切地希望自己能有更好的发挥,而不是徒有一些虚名罢了。

当时,她的朋友曾经十分推荐她出演丹麦女作家卡伦·布里克森的故事,看过剧本后,她也非常满意,但经纪人拒绝了这个角色,甚至很生气,认为不该让赫本出演这种无聊的非洲冒险片。面对经纪人的不满，赫本出于尊重也就放弃了这个角色。

这就是后来轰动一时的《走出非洲》，由西德尼·波拉克执导，梅丽尔·斯特里普担任主演，在1985年拍摄完成，并获得第58届奥斯卡最佳影片、最佳导演、最佳改编剧本奖以及第43届美国金球奖剧情类最佳影片奖，可以说，《走出非洲》是20世纪80年代最具代表性的文艺爱情片之一。

可惜，赫本就这么错过了。不过，得到与失去本就是一体，《朱门血痕》没能给赫本带来荣光，但它有更深刻的意义以及更深远的影响。如果让赫本重新选择，她或许会选择出演《走出非洲》吧。

04 正确的人

一生之中，会与多少人擦肩而过，会与多少人产生错误的交集，又会不会遇到正确的人呢？赫本先后遇到了不少人，他们都很英俊，都有自己的事业，都在最初的时候给予了她最热切的感情，但他们又在不久后匆匆离场，留下她一个人暗自神伤。

1979年，罗伯特·沃德斯出现了，赫本的灵魂伴侣就是他。

在一场好友举办的宴会上，赫本与沃德斯出奇地一致，他们身在热闹的人群中，同样忧郁，同样一言不发。

赫本的两段婚姻接连以失败告终，沃德斯的妻子奥白朗则不幸离世，他们两个人忧郁的理由不一样，但在宴会上同样显得格格不入。

沃德斯的眼睛炯炯有神，络腮胡子很是性感，他谈吐幽默，思维跳跃又敏锐。在此之前，他也曾是一名演员，与赫赫有名的赫本比起来，确实没有什么名气，但即便在众星云集的聚会上，他也依旧是焦点。

他与妻子奥白朗相识于一部影片的拍摄，奥白朗是女主角，她比他大了整整25岁。他们一见倾心，片子一拍完，就迫不及待地结婚了。

年龄上的差距，让所有人对这段婚姻持怀疑的态度，他们不相信一个年富力强的男人会因为爱情娶一个六十多岁的老太太为妻。按照惯常的逻辑，他一定是贪图奥白朗的名利，但面对外界的种种猜疑，他选择不解释。完婚后，沃德斯住进了奥白朗的家里，两个人悠闲自得。遗憾的是，奥白朗在68岁的时候离开了人世，沃德斯一下子失去了生活的希望，他任由自己沉浸在丧妻之痛中。

失去爱妻的沃德斯，浑身散发着哀伤，这让赫本不由得开始关注他。两个人自然地开始聊天，随着话题的深入，他们这才发现他们是荷兰同乡，更巧的是，沃德斯曾在荷兰阿纳姆附近的郊区生活，所以他们曾经离得如此之近。原本用英语交流的两个人，就这样自然而然地开始用起了荷兰语，两个陌生人迅速熟络起来。此时的沃德斯还以为，他们的交集大概仅止于此，毕竟赫本是奥斯卡影后，她与他或许本就不是一个世界的人。

后来，在他们熟络之后，他们总会聊起当时的奇闻轶事，大概是有个农民经常会拿自己农场里的食物去交换值钱的艺术品，为了不被德国人发现，他还特意修建了一个地下室，专门用来存放那些油画和雕塑。谁知道，好不容易等到战争结束，他去地下室整理这些值钱的艺术品时，才发现为时已晚，它们已经被水浸泡过了。

回忆起初次相识，赫本说："我被他吸引，但他似乎没有注意到。我们两人都不快乐，他还在为奥白朗的辞世难过，而我经历了人生中的最低潮，两人都借酒浇愁。"

但缘分使然，两个人接触的机会越来越多，对彼此的了解也越来越深入。赫本惊喜地发现，他们是如此契合，在不知不觉间，她改变了对他的称呼，开始称他为罗比。

罗比的出现，让赫本一下子就恢复了以往的活力，她告诉纪梵希，罗比是她精神上的双胞胎，她甚至愿意与他共度一生。这不是赫本第一次动心，却是她第一次发现灵魂契合的人。

在沃德斯之前，赫本在拍摄《皆大欢喜》的时候，对男主角的扮演者班·加萨拉曾经心生好感，但对方似乎并不准备接受这份喜欢。一时间，她需要找人倾诉自己的彷徨，脑海中第一个浮现的人就是沃德斯，接到赫本的电话后，他当即决定前往纽约，面对面地安慰她。

赫本与多蒂的婚姻虽然已经破裂了，但此时此刻，在法律意义上，她依旧是多蒂太太。为了避免多蒂在争取孩子抚养权的问题上大做文章，赫本与沃德斯不得不小心翼翼地处理这份感情。沃德斯理解赫本对孩子的执念，所以心甘情愿地搬到瑞士，住进了和平之邸。

比起赫本的"前任"们，沃德斯是最顺从赫本的一个人，他无怨无悔地陪伴着她。她喜欢不受打扰的生活，他就陪着她享受宁静，两个人早睡早起，一起吃饭，一起遛狗，一起修剪花草，一起读书看报，一起做家务，一起谈天说地……这是赫本多年以来最为中意的生活模式,如今,只有沃德斯能真心实意地满足她。

奇怪的是,沃德斯还是赫本与父亲、母亲之间的纽带。

埃拉患有严重的心脏病,接连三次中风,让她的身体愈发糟糕。从前那个一刻都闲不住的人,此刻只是一位身体健康堪忧的老人。她依旧不苟言笑,依旧将对女儿的爱藏在心里,但沃德斯出现后,埃拉似乎将他当成了传话筒,通过他不断表达着对女儿的爱。

赫本的父亲鲁斯顿,在1981年病危,沃德斯陪着她赶往都柏林看望过他。遥想当初,鲁斯顿抛下妻子与女儿,让赫本从小就失去了父爱,哪怕有机会见面,他都没有尽到一位父亲的责任与义务。如今,他病入膏肓,面对沃德斯的时候,却不知为何一遍又一遍地重复着他对女儿的爱。

赫本曾向安德森谈论过自己的过去:"我没有多少可谈。我对婚姻的想法很早就定型了……我很少见到父亲,喔,我见过他的照片,这是我唯一得到的东西。他非常英俊,出身好家庭……母亲告诉我,他们结婚后,很快离了婚,有些钱转到他的名下。她从未再婚,对男人不屑一顾。据我所知,父亲变得像隐士一样;奇怪的是,我对他没有恨意。母亲常一再说他多么糟糕,但因为我不了解他,本能上总是会为他辩护。他的形象对我来说极为重要,我想象他在欧洲某地,孑然一身,日夜埋首写出重要的作品,总有一天——总有一天,他会出现在我表演的舞台前面。"

成年后的赫本,已经能够理解母亲,她说:"若非母亲,我一定会迷失。她一直是我的共鸣板,是我的良心。她不是情感丰富的人,甚至我有时觉得她很冷漠,但她心里很爱我,我一直明白这点。不过很不幸的是,我一直未能从父亲那里得到这样的感受。"

沃德斯与赫本没有婚姻关系,但他似乎已经成为这个家庭的一员。

亲人好友的接连离世,让赫本备受打击,悲痛欲绝。

1981年,惠勒和凯特去世;1982年,奈丝比特去世;1984年,埃拉去世;1986年,路去世。他们每一个人对赫本都有着举足轻重的意义,他们的离世让赫本在彷徨失措中,开始思考活着的意义。

人生苦短,是应该及时行乐,还是让每一天过得更有意义呢?

1987年,赫本的堂兄邀请她前往澳门担任音乐节的特别来宾,并且为募捐活动演出。在观众面前,她发表了情真意切的演讲,她说:"以我幼时的经历,可以印证联合国儿童基金会对儿童意义深远。我一直对他们心存感激,相信他们的力量。"

确实,联合国儿童基金会对她来说并不陌生,二战期间,在他们一家人挨饿受冻的时候,正是联合国儿童基金会送来了衣物、食品等,才让他们摆脱了饥饿带来的死亡威胁。

随后,赫本答应了格兰特的邀请,成为联合国儿童基金会的亲善大使,并在1988年3月1日,象征性地接过了1美元的薪水,从此正式任职。

基金会特别活动组长克莉丝塔·罗丝接触赫本后说:"她非常自然,从容又美丽,每个人都忍不住注意她。她一开始就让我觉得很自在，一点都没有大明星或时尚偶像的架子，她纯粹是为了她所信仰的目标而来。"

赫本说："我想每个人在一生中，都会有想知道自己是谁、希望自己有什么样的人生的时刻。"在沃德斯的鼎力支持下，赫本以联合国儿童基金会亲善大使的身份，遍访埃塞俄比亚、土耳其、委内瑞拉等国家。

为了更好地支持赫本的工作，沃德斯接受了联合国儿童基金会的任命，成为赫本的经理，负责她日常的工作安排，报酬是象征性的2200美元。有了沃德斯的陪伴，赫本苦中作乐，全然忘记了四处奔波的辛苦。

对于赫本和沃德斯的关系，肖恩感慨地说："他们在很多方面都很相似，虽然他们并不是举案齐眉、相敬如宾的夫妻，生活中偶尔也会发生气氛紧张的小争吵，但是在多年来一同为联合国儿童基金会工作的过程中，他们建立起了足够的默契，使他们能够陪伴对方度过生命中最后的一段日子。"

赫本也曾幸福地对别人说："我非常爱罗伯特，那并不是罗密欧与朱丽叶式的浪漫爱情。我们偶尔也有争吵，但是我们都非常耐心，不会冲动。存在于我们之间的是亲密的友谊。如果友谊和爱情足够强烈的话，我的名声就不会成为我们的障碍，我们就能够克服。"

如今，联合国儿童基金会仍致力于保护地球每一个角落的每一名儿童的权利，在全球190多个国家及地区，它仍在尽一切努力呵护着孩子们的成长。基金会承诺，作为一个公正的、非政治的组织，在捍卫儿童权利和保护儿童生命及未来的问题上绝不袖手旁观。

05 爱过，错过

因戏生情，似乎是演员逃脱不了的宿命，在有限且特定的时间内，他们进入另一个角色中，他们用角色的性格来为人处世，他们将角色的故事融入自己的内心深处，一时间，也确实很难分得清到底是在戏内还是戏外。

在与其他演员保持距离的同时，赫本与芬尼却动了真感情，她开始对他产生依赖，但凡没有工作，就想着和他在一起，哪怕是只是说说话、聊聊天，也足以让她感到开心。

两个人利用一切可以相处的时间，他们一起排演，沉浸在角色中；相约在海边散步，说着其他人听不到的悄悄话；又或者共赴烛光晚餐……此时，赫本与费勒的婚姻已经名存实亡，但在法律意义上，他们还是合法夫妻。与芬尼在一起的快乐是如此真切，让赫本忘了与费勒的糟糕关系。

芬尼是单身状态，他与妻子已经离婚，所以他可以尽情释放自己的魅力，用幽默感来征服赫本。确实，这个总是充满活力的男人，正是赫本喜欢的类型，他能够轻易打开她紧锁的心扉，并给予她专属的心灵慰藉。

在爱情的滋养下，赫本有了明显的变化，或许连她自己都不敢想象，芬尼竟然带给她如此明显的改变。多南直呼："拍片的最后几周，我简直认不出奥黛丽了。她自由自在，非常快乐，我从没见过她那个样子——那么年轻！我想这不是因为我，而应该归功于芬尼。"

厄文·萧在探班时说："她和芬尼就像金童玉女，一起创造了那段快乐时光。双方互相了解，有他们自己的笑话和秘密，旁人很难参与。梅尔在的时候，情况很有趣：奥黛丽和芬尼两人装模作样，就像想装大人那样，有点尴尬。"确实，即便夫妻之间感情不和，婚姻形同虚设，毕竟还是要顾及彼此的颜面。

对于与赫本的亲密关系，芬尼形容是"我所有过最亲密的关系之一"，赫本虽然坦诚地说"我真的喜欢芬尼"，在其他人眼中，这听起来没有什么特别的，但谁也不会轻易相信他们之间只是一般且普通的友谊。

对于加萨拉，则完全是赫本单方面的投入。加萨拉就是逢场作戏，他并没有深爱赫本，却不断给了她希望。

当时，赫本刚刚复出不久，因为一直没有露面，年轻的工作人员对赫本并不熟悉，但演员们对她并不陌生。加萨拉肯定地说，当他与赫本第一次非正式见面时，彼此"已经擦出火花"。这个时候，他是女星简妮丝·鲁尔的丈夫，但他仍接受了赫本的暗示。

在撒丁岛拍摄期间,赫本会直接来到他面前,两个人从失眠这个问题说起,这是他们共同的一个困扰。赫本会直接暗示他,"下一次你睡不着,打电话给我,我们可以做伴"。

在拍摄一场吻戏时,加萨拉能够意识到他们之间确实存在一些类似爱情的感觉,他直言"不是拍戏那种吻",言外之意,他们在角色中融入了现实中的感情。

与加萨拉在一起的时候,赫本会毫无保留地向他倾诉,她告诉他,多蒂不忠实,还将女人带回家,这让她产生了自杀的冲动。加萨拉说:"我们没有做任何承诺,这是一夜情。"他清楚自己的风格,就是电影拍完就再见,往好处说,就是不拖泥带水;往坏处说,就是不负责任。

杨的下一份工作是去韩国拍片,加萨拉也会参与其中,肖恩则是制片助理,赫本有名正言顺的理由前往韩国。得知赫本要来探班的消息,加萨拉极力阻止,他现在需要的可不是她,艾克·史塔克曼才是他的心头好,他们确立了明确的恋爱关系,并且在后来顺利步入婚姻的殿堂。

在被拒绝探班后,赫本与加萨拉一直到年底才再次有了联系。

当时,加萨拉身在罗马,赫本听说后,第一时间打去了电话,明确表示想与他见面。但加萨拉再一次拒绝了她,后来,他也打去了电话加以解释,但电话接通后,两个人都沉默以对,最终,还是赫本说了再见。

回顾这段短暂的亲密关系,加萨拉不承认自己恋爱了,他说:"有像她那样的人爱我,我实在很荣幸,但直到我离开她,我才知道她有多爱我。她告诉别人说我伤透了她的心,但没有对我说。她是这么好、这么甜美,我竟伤了她的心。"

当初,导演彼得·博格丹诺维奇将《皆大欢喜》的剧本拿给加萨拉时,加萨拉向他讲述了自己与赫本的这段故事。博格丹诺维奇听完后,将赫本的真实人生当作他重新创作的灵感,他甚至为赫本改编了角色,他对赫本的理解是,"一个深爱儿子的女人,为了孩子,与生性嫉妒又爱拈花惹草的丈夫对抗,借短暂的激情,得到喘息"。最终,他将赫本确定为《皆大欢喜》的女主角,加萨拉则是男主角,加萨拉甚至将这部影片看作把他们的感情搬上大银幕。

因为男主角是加萨拉,赫本满心欢喜地接下了这部戏。当然,百万美元的酬劳也是相当诱人的,况且,肖恩受聘为导演的私人助理,同时还可以出演龙套角色,这都促成了赫本心甘情愿地出演女主角。

1980年初,就在影片即将开拍之际,赫本反悔了。

赫本参演的目的之一,就是有意与加萨拉再续前缘,但加萨拉却再次表明了立场,他们已经回到了普通朋友的关系,这让赫本难以接受,她便决定不再参演这部影片。女主角临时撂挑子,这让剧组的人都大惊失色,她一个人会影响整个剧组。思量再三后,赫本决定还是按约定参演。之前,不管发生什么情况,她都不会因为自己的原因而影响其他人,如今,她也不能任性,已经承接下来的工作硬着头皮也要完成。

50岁时,赫本吐露心声:"我不会因年华老去而烦恼,却会因寂寞而痛苦。"加萨拉对她,不过是逢场作戏,只是贪图一时的快感。但她却将他当作精神寄托,错位的感情终究是错误的。

她有满腔的爱,是那么炙热,那么坦诚。可惜,能够与之匹配的人太少,能够与之相呼应的感情太稀缺。

Part

爱全世界的孩子

1988年3月,赫本说:"世界本来就是不公平的。但是世界只有一个,它正变得越来越小,人们之间的接触也不得不越来越频繁。我们生活在这样的环境中,那些富有的人就有义务、有责任去帮助那些一无所有的人。"

01 亲善大使

人美心善,这就是赫本。她的容貌是万里挑一的,她的心灵更胜一筹。

作为联合国儿童基金会亲善大使,赫本的行程还是很满的。在走马上任后的第八天,赫本就与沃德斯一起来到了埃塞俄比亚,那里极度干旱,他们肩负着唤起人们对当地关注的重任。

作为亲善大使,经常需要做的一项工作就是发表演讲。一般来说,会有专人为她准备发言稿,但是她亲力亲为,通过自己翻阅资料撰写稿件。演讲对于她来说,并不是一项简单的任务,她说:"必须在众人面前演说时,我总是非常紧张。演讲让我害怕,现在依然如此。在各个国家的人面前起身说话,与表演是完全不同的两回事,演讲是非常重要的事。"

面对电视访问,她也一样会感到紧张。独立制作人凯伦·卡黛,负责安排《钟点杂志》节目1980年至1988年的明星通告。在赫本刚开始接触联合国儿童基金会的工作时,卡黛就邀请赫本参加节目，她回忆说："我们在洛杉矶一家旅馆见面，我觉得她很杰出，也发现她很害羞、内向、沉静，对上电视有点恐惧。"最终，她决定参加，理由只有一个，那就是对联合国儿童基金会有利。

对卡黛来说，在为《钟点杂志》工作的八年中，赫本无疑是最受大家期待的一位明星。当赫本来到影棚准备录制节目时，她向卡黛要了两样东西——咖啡及波本威士忌。卡黛说："我当场就明白她有多紧张。我们提供了她需要的东西，后来她觉得好多了，不过上节目前还是需要一点安抚。我很高兴能效劳，告诉她观众一定会爱她——后来的确如此。接着，我请主持人以温和的方式开场，先和她话家常，谈谈她的两个儿子，再花点时间聊聊她的电影，最后把大部分时间花在聊基金会上。但还是可以看出奥黛丽在观众面前无法完全放松，虽然她放松了一下，对主持人的第一个问题——'谈谈你的两个女儿'，不得不保持微笑"。在采访的休息期间，赫本还略带紧张地询问卡黛，自己有没有做错什么。

联合国儿童基金会为她办理了联合国护照，看着护照上的名字"奥黛丽·K.赫本"，她无比兴奋地说："我非常高兴拿到这本小小的红色联合国护照！真叫人忍不住炫耀它……儿童基金会让我神采奕奕，年轻多了！"对她来说，联合国儿童基金会为她的生命注入了新的活力。

在担任联合国儿童基金会亲善大使期间，赫本倾尽全力，但凡需要她参与的活动，她从不会推脱。一年之中，她的大部分时间都忙于基金会的工作。赫本说:"我为这个工作试演了45年,现在终于得到它。每当看见电视上可怕的画面,我总觉得心有余而力不足,但现在我有了绝佳的机会,能够出点力。"

为了基金会,赫本不仅出力,还慷慨出钱。她将自己拍摄照片的50000美元酬劳全部捐给了亚美尼亚因地震受灾的灾民,自己又额外捐出10000美元。沃德斯回忆道:"每次我们到一个地方,赫本都会仔细思索自己能否促成任何改变。她不断研读资料,对当地的了解很深,但她不是想做特蕾莎修女,也不是想当圣人。"

1988年,赫本多数时间都在委内瑞拉和厄瓜多尔,她在为当地贫苦的人们四处奔波。当有人说敬佩她的牺牲精神时,她赶忙纠正,在她看来,"这不是牺牲!牺牲意味着你因为自己不想要的事物,而放弃某些想要的事物,但这件事并非如此,这是我获得的礼物"。

赫本在呼吁国际援助的同时,更呼吁对孩子的尊重。

我必须承认就在一年前,也就是我有幸成为联合国儿童基金会志愿者之前,每当我在电视和报纸上获悉发展中国家儿童和母亲的悲惨境遇时,我都会沉浸在巨大的绝望和无助之中。

……

沉重的债务负担重重地压在了那些最需要我们帮助的人的肩上,它使得穷人愈穷,但最终饱受摧残、受伤害最大的往往是妇女和儿童。我们还应该为那些处于危机边缘的发展中国家的儿童做更多的事情，他们中的一些人现在仅仅处于能活命的状态……换句话说，我们并不缺少人手，我们缺少的是人们的意愿。

人们最常问我的一个问题是：你真正为联合国儿童基金会做了什么？很明显，我的职责是通过自己的努力，使社会了解和意识到儿童的需要。如果我是一位通晓教育、经济、政治、宗教、文化和传统的专家的话，我将更能了解当今世界上的儿童问题。然而我不是，我只是一位母亲。

遗憾的是，现在的儿童事业仍需要很大的支持，这些孩子饱受营养不良、疾病和死亡的威胁。你不需要知道确切数字，你只要看着这些瘦小的脸和木然呆滞的眼睛，因为这些都是严重营养不良的表现。导致这种病最重要的原因就是缺乏维生素A，这将引起角膜损伤，甚至使眼睛部分或完全失明，几周之后人可能就会死去。在诸如印度尼西亚、孟加拉国、印度、菲律宾和埃塞俄比亚等国家，每年出现的此类病例多达50万例。如今，有上百万的儿童正受到失明的威胁。这也是在事情发展到无可挽回之前，我和其他许多联合国儿童基金会的志愿者奔赴世界各国努力筹集资金的原因。与此同时，我们也要唤醒人们与另一种形式的黑暗做斗争的意识——人们因为缺乏信息，所以不知道向这些孩子伸出援助之手是多么的轻松简单。

她说到做到，用实际行动践行着自己的承诺，为世界上饱受战争之苦、生活之苦的孩子们四处奔波。

02 / 索马里之行

1992年,是赫本在联合国儿童基金会工作的第五个年头,她的行程越来越紧凑,工作量很大。她和沃德斯一次又一次奔赴发展中国家,因为没有直达航班,所以就不得不反复转机,这就造成路程被不断拉长,这对两个人的精力来说都是一个不小的考验。通常是结束上一个行程后,旅途劳顿的困乏还没有缓过来,他们就要前往发达国家进行宣传报道。

9月,赫本如愿以偿,联合国儿童基金会同意她前往索马里访问。此前,她和沃德斯为了这趟行程花费了一年左右的时间来准备,当她准备办理签证的时候,得到的答复是:"到那里不需要签证,因为那里根本没有政府。只需要乘飞机飞过去,同时祈祷自己乘坐的飞机不会被击落就可以了。"

索马里位于非洲东海岸,连年内战,加上干旱,天灾人祸让这个国家政局不稳,人们饱受战乱的痛苦,饥饿、贫困与他们如影随形。

索马里四分五裂，没有政府，一切都混乱不堪。在这种情况下，赫本一行人的访问危机四伏，就连基本的人身安全都无法得到保障。抵达首都摩加迪沙后，他们惊讶地发现，这里资源极其匮乏，没水、没电、没食物。

　　当时，与赫本同行的还有联合国儿童基金会的摄影师罗比和约翰·埃萨克，这次索马里之行给他们留下了深刻的印象。在索马里的难民营里，所有人都不认识大名鼎鼎的女明星赫本，但他们知道当印有联合国儿童基金会标志的飞机降落后，就会有一个消瘦的女人走出机舱，她文雅而平和，用充满纯真和善良的双眼望向他们。

　　饥饿的孩子们在几乎成为废墟的建筑前排起长长的队伍，他们正在领取联合国儿童基金会提供的食物。索马里的情况比预想中的还要糟糕，条件还要恶劣，麦片粥是唯一能充饥的食物。就在赫本与联合国的工作人员交谈时，发生了一件意想不到的事情。

　　在队伍之中，站着一个特别的小女孩，她因为饥饿而瘦骨嶙峋，看起来也很虚弱，她用期待的眼神望向前方，当她的视线落在赫本身上时，她一瞬间就被吸引住了，仿佛定格在那里，下一秒，她就不顾一切地朝着赫本飞奔而去，随后紧紧抱住了赫本。

　　面对突如其来的拥抱，赫本没有生气，反而用一个用温暖的怀抱回应了小女孩。比起填饱肚子，小女孩在这一刻似乎更需要心灵上的慰藉，被战争洗礼的孩子们，往往所求不多，吃饱穿暖即可，但即便是如此微不足道的诉求，在索马里也变得格外难以实现。赫本静静地将她拥在怀里,同样经历过战争的她懂得此刻的珍贵。

与这个小女孩类似的情况,还在吉斯迈乌出现过一次。在她抵达索马里之后,访问的第一个救助营就是那里。当时,有一个情况更为特殊的小女孩,她双目失明,身上穿着的衣服早已经破烂不堪,甚至还有一大群苍蝇围着她打转,她摸索着救助营边缘的篱笆慢慢前进。

赫本看见这个小女孩后,不由得感慨万千,她仿佛看见了索马里所有受苦受难的孩子们。她忍不住走上前,想要为她提供帮助,但就在那一瞬间,小女孩收起了微笑,反而露出极其冷漠的表情。在日复一日的苦难中,她或许习惯了自己摸索着前进,习惯了依靠自己维生,哪怕磕磕绊绊,也会咬着牙站起来继续前进。面对从天而降的关怀和安慰,她反而不习惯。

赫本试着让小女孩敞开心扉,希望给予她温暖帮她抵抗孤独,然而,她选择将自己封闭起来,任凭赫本如何沟通,她都一言不发,她宁愿活在自己的世界里,那里哀鸿遍野、寸草不生,唯有孤独和痛苦常在。

他们走走停停,赫本亲身感受着这一切。从奇斯马约到摩柯马尼,从摩加迪沙到达肯亚。来之前,她坚持要看最糟糕的情况,如今一切摆在眼前,不由得触目惊心。

后来,她回忆说:"这个国家完全处于混乱状态,毫无建设可言,而且经历了四年惨烈的内战。我读了报道,看过电视上的画面,以为自己已经做好准备,可以接受最惨的情况,但还是无法接受现实,报纸上抽象的概念变成了亲身经历的悲惨现实。我一飞抵索马里,就在每一个住处、每一个村落看到成百上千座坟墓,沿路都是动物尸体,人们就像行尸走肉——而孩子们,成千上万的儿童,都只剩一口气。他们住在用树枝胡乱搭建的小陋屋里,每天都有儿童死于饥饿。他们连驱赶自己眼皮上的苍蝇的力气都没有。我看到很多大卡车装满了前一晚死亡的儿童尸体。"

接下来,她说得更直白,说得比以往更热切,而且直言不讳地谈到政治情势:

"我愈来愈心痛、愈来愈难过、愈来愈愤怒,这样的锥心之痛愈来愈深。这些人流离失所,不知何时才能再回家,简直不可思议。牛群已经死了,农作物也枯了,多少家庭失去了他们的村落、他们小小的家园。更重要的是,他们日复一日失去他们的孩子。

"人道意味着追求人类的福祉,回应人类的痛苦——这是理想的政治意义,也是我的梦想。想想看,40万索马里人民都在难民营里,逃避战争和饥饿,而在这里的景象却像是他们来这里死亡,这真是地狱。"

她毫不避讳地与难民在一起,她张开双臂拥抱他们。面对瘦骨嶙峋的孩子,她温柔地鼓励他再多吃一些,但孩子已经吃不下任何东西了。

让她记忆深刻的是一个小男孩,她形容他说:"骨瘦如柴,全身只剩下一块布,只剩骨头和眼睛。"他患有呼吸道感染,呼吸不畅,她说,"只希望我能为他呼吸",但就在她的眼前,他倒了下来，一个弱小的生命就这样消失了。

肖恩说："也许正是母亲内心隐藏的悲伤征服了世界，让人们喜欢上她。虽然最后她找到了和平和爱，悲伤却占据了她一生。她是如何成为我们浪漫世界中最受欢迎的偶像，成为感情世界里的圣女贞德的呢？她眼睛中的忧伤揭示了所有的答案：'我明白，我明白现实到底是什么样子的，但是请让我梦想，让我成为的安提歌尼（底比斯王俄狄浦斯之女，因违抗禁令而自杀身亡）。'"

可以肯定地说，她与那些饱受苦难的孩子是双向救赎，她为他们的明天四处奔走，他们则让她的人生变得更有意义。

当被问到政治在索马里这场人间惨剧中扮演什么角色时，她回答说："政治对我而言是一种非常难以理解的东西，因为政治的手段非常复杂。我猜测政治的定义是为人民、为人民的利益服务。人道主义的意思是为人类谋求福利。对人类遭受的磨难做出反应，也许这才是理想中政治的角色。这是我的梦想，也是我引用下面这个例子的原因。在索马里，人道主义帮助这个国家不至于彻底陷入混乱，随着时间的推移，政治化的人道主义必会取代如今那些带有人道主义作用的政治行为，我希望这一天尽早到来。这也是我希望前往索马里的原因之一，并不是因为我能够做很多，而是因为人们对那儿的情况缺乏足够的了解。如果我能够让更多的人关心这里的人，能够为哪怕仅仅一名儿童大声疾呼，那么就已经足够了。"

03 灌溉未来

在她的建议下，联合国儿童基金会邀请作曲家兼指挥家麦可·提尔森·托马斯为音乐会作曲，她认为《安妮日记》可以作为歌曲的主题。

《安妮日记》是一本真实的生活记录，作者安妮·弗兰克是一位犹太少女，13岁的时候，为了躲避纳粹的恐怖统治，她和家人一起躲藏在荷兰阿姆斯特丹的一间仓库里，从此开始了两年多的密室生活。过生日时，她收到了一个日记本，开始写日记。

她在日记中写道："我的内心常常充满了忧伤，可是从来没有绝望过，我把我们藏匿的生活看作一场有趣的冒险，充满了危险和浪漫，所有的穷苦都为我的日记添加了趣事。"

在日记中，安妮将自己的点点滴滴都记录下来，对生的希望，对父母的理解与不理解，对死亡的恐惧……

1944年4月5日，她在日记里写道："我希望我死后，仍能继续活着。"这是她的希望，最终也得以实现，因为这本日记，她的故事被全世界知晓，鼓舞着人们，比如她写道："我相信今天失去的幸福一定能从大自然里再找回来。有信心和勇气的人也绝不会困死在不幸的遭遇里。"她用信心和勇气来抵抗不幸，正如在暗无天日的日子里，她没有放弃对生的希望。

作为一个未成年人，在与父母的相处中，她也有诸多思考。

比如，她与其他少男少女一样，也会与母亲争吵，但又会在独处时进行反思，她写道，"母亲和女儿是天敌吗？为什么我总会和她吵架"，她也会坦诚又无奈地写道，"我过去常常对母亲生气，现在有时还这样，她不理解我，这是肯定的，但是我也不理解她"。但争吵是一回事，对母亲的爱却一直不变，"我是她的孩子，她对我好，温柔。我经常使她处于不愉快的境地，她对我发火也可以理解"。当然，她也会反思说，"生活的长河中总涌动着不和谐的浪花，如果是我的错，我会勇敢承认，但我渴求的是公平与理解，及父母不偏不倚的爱"。

一个十几岁的孩子，她那敏感又细腻的内心世界跃然纸上。

在赫本看来，安妮的坚强与乐观值得所有人传颂，就像安妮所说"抱怨是没用的"，她的处事原则是"我的内心常常充满了忧伤，可是从来没有绝望过，我把我们藏匿的生活看作一场有趣的冒险，充满了危险和浪漫，所有的穷苦都为我的日记添加了趣事，我决心要过一种与其他女孩完全不同的生活，我所经历的一切，都将是趣味人生的一个好的开端"。

1945年3月9日，在德国的一个集中营中，安妮死于斑疹伤寒。安妮一家人中，只有父亲奥托·弗兰克活了下来，重获自由。1945年6月,弗兰克回到阿姆斯特丹,后移居瑞士。他用余生向世界分享女儿的日记。美国诗人约翰·贝里曼对《安妮日记》的评价是:"细致而充满自信,简约而不失真实地描述了一个孩子转变为成人的心态。"

赫本格外欣赏这首曲子的旋律,高潮迭起让人心潮澎湃。她不愿饰演安妮,她不想试图成为安妮,而是更愿意满怀同情地读出这些段落。

1990年3月12日,乐曲《来自安妮的日记》进行了世界首演,随后演出足迹遍布芝加哥、休斯敦、纽约和伦敦。

对赫本而言,"我的事业一帆风顺,开始时几乎什么都不懂,却得到可以本色演出的角色,接着就成名了。但如果不运用这个名声做些积极的工作,又有什么意义?"所以,她不辞辛劳,带着爱遍访每一个需要天使的地方。确实,对于她正在干什么以及她在第三世界国家的所见及所得,媒体都很感兴趣。

但千万不要误解,她只是希望通过自己的名声来做善事,她从来不觉得自己是特别的人。有一次,肖恩和妻子陪着她一起去参加联合国儿童基金会的宴会,肖恩妻子望着台上向几百名商人演讲的赫本,将她形容为一片单薄的叶子。每次登台,她都像是第一次登台那样紧张,她总是很小心,也希望自己能够做到最好。

她简直就是亲善大使中的劳模,有一次,在结束了埃塞尔比亚的行程后,她又马不停蹄地来到联合国儿童基金会设在纽约曼哈顿的总部,在这里参加记者会,她要面对35名记者的提问,随后,还有三个专访在等着她。专访结束后,她还有工作要完成,因为还有两个电视网的节目需要她去谈论有关埃塞俄比亚人民的需要的问题。

转天一早,两个重量级的晨间节目等待着她参加,还是与前一天同样的议题。之后,她还要参加四个电视节目、拍摄基金会电视公益广告、参加公益午餐会、参加为主要赞助者举办的晚餐会……就这样,连轴转了20个小时。做完这一切,你以为就可以休息了吗?不,隔天,她还有一堆行程。先是去华盛顿参加国会早餐会,接着接受六家广播电台的专访,转天上午,又要前往多伦多。

在接受采访或者发表演说时,赫本通常以"还有什么比孩子更重要"作为开场白。她坚信,在人的一生之中,童年时的爱、温暖、关怀、食品、教育是最为重要的,所以她奔走呼号,就是希望通过自己的力量来推动改变不堪的现状。

正如她在1988年3月说的那样:"世界本来就是不公平的。但是世界只有一个,它正变得越来越小,人们之间的接触也不得不越来越频繁。我们生活在这样的环境中,那些富有的人就有义务、有责任去帮助那些一无所有的人。"

有人曾经问她:"很多不幸事实上都是由当地政府与反对派武装之间的常年征战造成的,而这些政治层面上的问题依靠联合国儿童基金会是不可能解决的,既然如此为何还要不遗余力地为此奔走呢?"

面对类似的问题她总是回答:"这好比坐在自家的客厅里,

突然听见街上传来一声恐怖的尖叫，随后是汽车猛烈的撞击声，你的心脏仿佛都受到了强烈的冲击，从椅子上跳起来，你跑到街上，发现一个孩子被车撞了，倒在血泊中。这时候你不会停下来去思考到底是谁错了，是司机的车开得太快，还是孩子突然冲上马路追逐他的皮球。这时候应该做的就是抱起孩子，赶紧送他去医院。"

在上百万索马里儿童的脸上，赫本看不到本该属于孩子的天真与稚气，以及他们对未来的憧憬和幻想，她看到的只有孩子们对食物的渴望，完全出于想要活下去的本能。在索马里，基础建设几乎没有，比起其他一些国家，那里的孩子们会稍微幸运一些，因为当地还有医院，有学校，还有公路，只要加以修缮就可以重新运作起来，所以那里的孩子们还怀揣着对未来的希望。但在索马里的首都摩加迪沙，可以说是一无所有。

她说过："如果让我把所有想说的话用一句话来概括，在我还有呼吸之前我都会说，那些埃塞俄比亚的人民，他们所需要的只是帮助他们走出困境，这是他们唯一的渴望。联合国儿童基金会仿佛给了他们一把铁锹，让他们有可能挖出一口井，灌溉他们的未来，而不是为他们的孩子挖掘坟墓。"

为孩子们灌溉未来，就是赫本的使命，她将这项重任看作自己义不容辞的责任，她也呼吁全世界能够重新审视全球局势，考虑一下孩子们的处境。

04 至暗时刻

生老病死是自然规律,没有人可以违背,但当至亲至爱之人被病痛折磨时,谁也无法云淡风轻,更无法乐观以待。

1992年,赫本病倒了。索马里之行有惊无险地结束后,赫本与沃德斯抵达瑞士。奔波了许久的赫本,身体有些吃不消,他们原本准备养精蓄锐后再出发,但休息期间,赫本的身体出现了各种各样的问题,包括腹痛、消化不良等。赫本以为是在索马里感染了病毒,因为当时她被一种小虫子咬伤了。

医生会诊之后,却迟迟没有确诊,为了阻断病毒进一步伤害身体,在医生的叮嘱下,她服用了抗生素。很快,药物发挥了作用,但也出现了副作用,她反应剧烈,除了呕吐、严重下痢以外,还有末梢神经痛的症状。即便忍受着剧烈的副作用,她的病情依旧不见好转。

为了不让病情进一步恶化,赫本与沃德斯当即赶往洛杉矶。经过一番更深入细致的检查后,医生们依旧无法确定病因。随后，在一位医生的建议下，她在西达赛奈医学中心做了腹腔镜检查。然而谁也没有想到，11月1日，检查结果让人大吃一惊，她的盲肠长了恶性肿瘤，并且已经扩散至结肠。

据推断，大约在五年前，癌细胞就已经潜藏在她体内了。实际上，在此之前，她就有过腹部疼痛的症状，但她从来没有放在心上。而且，她向来不喜欢向家人抱怨自己的病痛，更不愿意让孩子们知道自己不舒服，所以直到现在，孩子们都不清楚她的状况。

确诊后，医生在第一时间为她安排了手术，将部分盲肠切除。手术后，她只能依靠点滴来代替一日三餐。在此之后，就是接连不断的化疗。起初，大家还试图隐瞒这个结果。她向沃德斯承诺，自己绝不消极对待，会勇敢地配合治疗。

1992年11月底，她开始接受第一阶段的化疗。一切按部就班，情况似乎在向着好的方向发展。在此之前，赫本一家每年都会去康妮·沃尔德家做客。今年也不例外，在家人们的护送下，赫本来到康妮位于比弗利山的家中。

康妮就是赫本三五知己中的一人，她与赫本情同手足，她们在一起的时候，会大声取笑对方，同时，也如亲姐妹般爱着对方。在康妮家，就如同回到了自己家，康妮细心照料赫本，她会亲手为好友熬制鸡汤，只希望她能尽快好起来。

在赫本第一次来到洛杉矶的时候，就与康妮成了朋友。后来，康妮嫁给了电影制作人杰瑞·沃尔德。自从相识，她们就成了无话不谈的朋友，这份友谊持续了一辈子。在没有生病之前，赫本一家就时常去康妮家做客，如同一家人。她们会一起做饭，饭后，又会抢着去洗碗。康妮会叫她"卢比"，这是热播电视剧《楼上楼下》中一个女仆的名字，这可不是一个温柔的角色，相反，这个角色专制且粗暴。她的解释是，作为客人，她应该有权利去洗碗。

但乐观的状态并没有持续太久，她的腹部再次开始剧烈疼痛，这一次比以往更难以忍受。

为了缓解疼痛，他们想方设法帮她转移注意力。一天之中，在亲朋好友的陪伴下，她会在泳池边散步，一步、两步、三步……他们慢悠悠地走着，天地都安静下来，白云注视着他们，也在默默为她祈祷。到了晚上，他们会陪着她看她喜欢的喜剧或是纪录片。她说她最喜欢这两类电视节目，因为纪录片让她相信自然界确实存在奇迹，而喜剧则提醒她不管发生什么，生活总是充满欢乐的。

沃德斯将所有时间和精力都投在赫本身上，他们形影不离，就像之前一样。

在这段最艰难的日子里，沃德斯给予了赫本对抗病痛的勇气和力量。在很久之前，她就一直在寻找这样一个人，他们相濡以沫，亲密无间，可以是爱人、是亲人、是朋友、是伙伴、是战友……他们可以是一切关系，你中有我、我中有你，不分彼此。

12月的第一天，赫本回到西达赛奈医学中心，她需要进行第二次手术。让人难以接受的是，她的病情恶化很快，癌细胞已经扩散，对于这个情况，医生也束手无策。主刀医生无可奈何地通知他们，赫本的时日所剩不多。医生们已经尽了最大的努力，但赫本的情况太糟糕了，他们仍旧没办法挽救她的生命。

这对所有人来说都是晴天霹雳，他们无法面对这一次的生死离别。赫本得知自己的情况后，哽咽着向沃德斯道歉，说她不能兑现白头偕老的诺言了。接下来的每时每刻，都将是她生命的倒计时。

肖恩回忆说："所有人的情绪都跌入最低点，接下来的两个月是痛苦的，同时也是幸福的。我们不再等待什么了，我们也没有任何的疑虑或者苦闷。我们所做的就是把相互之间的爱表达出来，每一天都显得那么宝贵，我们全情付出，也许是知道任何一天可能都是最后一天了。"

在她的病确诊之前，肖恩见到母亲时，就看出了她的疲劳和憔悴，他总会试探着问她："什么时候会和罗伯特去度假？"然而，即便如此，没有人能够说服她停下手头的工作，和爱人一起彻底放松下来。肖恩曾说："我们只是希望她能够在紧张的工作间隙，抽空享受一下生活的乐趣。然而即便是这么微小的愿望都没有得到满足。"

就在一次又一次的奔波中，赫本的身体到了极限，再也支撑不住了。离别在即，千言万语都比不上朝夕相伴，纵然有万般不舍与无奈，与其日日怨怼，不如珍惜眼下屈指可数的时光。

05 / 最后的愿望

在病痛的折磨下,她靠着意志力硬撑着,她一度也想要放弃,甚至和肖恩商量着要选择安乐死。就在时日不多之际,去瑞士过圣诞,成为她最后的一个愿望。

她很了解自己的身体状况,她知道自己命不久矣,此时此刻,她内心最强烈的渴望就是能够回到瑞士,度过自己最后的时光。这时的赫本已经脆弱到极致,身体所需要的营养只能依靠点滴注射供给,在疼痛难忍的时候又不得不依靠吗啡。

对此,医生叮嘱说,赫本的身体状态是无法乘坐飞机的,因为在起飞和降落时,机舱内的气压变化会使她肠内某个多重闭合破裂,从而导致腹膜炎,一个小时以内就会有生命危险。情况不容乐观,但她又如此渴望去瑞士。

一边是赫本的愿望,一边是生命的威胁,沃德斯难以抉择,他不忍心拒绝爱人,但更不能让她去冒险。所幸,纪梵希知道这件事后,第一时间安排私人飞机赶到洛杉矶。在机舱内,他为她准备了最爱的鲜花,她流着泪,感动地说:"只有他,还始终记得我的喜好,把我当成小女孩来宠。"

前往瑞士,就意味着要和康妮说再见,她们知道不得不分别,也清楚应该怎样做。她们站在草坪前,真挚地吻别,就如同以往每一次离别那样。她们静静站在那里,从容又优雅。

12月19日,在护士的照看以及沃德斯和肖恩的陪同下,赫本搭乘私人飞机前往和平之邸。为了保证机舱内的气压尽量缓慢发生改变,飞机不得不在爬升和降落的时候控制好速度。途中,飞机需要在格陵兰岛加油,一降一升之间,又增加了两倍的风险。终于,飞机顺利抵达日内瓦,赫本轻声说道:"我们到家了。"在生命接近尾声时,能够回到心之向往的地方,对所有人来说,一切都值了。

为了让她得到更细致、更专业的看护,肖恩邀请护士贝蒂来到家中,她曾就职于西达赛奈医学中心,当时就曾照看过赫本。要知道,当时正是圣诞假期,对于贝蒂的家庭来说,同意让贝蒂在外面工作是一件不容易的事情。但幸运的是,贝蒂得到了家人的支持,他们同意她来照顾赫本,这也就意味着他们要在圣诞节期间和贝蒂分隔两地,但什么都敌不过赫本的需要,所以他们没有任何不满。

到家后,赫本的情况依旧很糟糕,她无法进食,身体一点点被抽空,生命力也消耗殆尽。这段时间,她只能卧床休息,沃德斯心痛不已,赫本却坚定地说,这是她一生中过得最好的圣诞节,因为她被浓浓的爱包围着。确实,她住在自己最中意的宅邸，最爱的人都围绕在她身边，他们事事以她为中心，想方设法地爱着她，如果这样的幸福可以延续得久一些，再久一些，就完美了。

在此之前，赫本就曾向肖恩讲述过她与和平之邸的故事。当时，肖恩出生在卢塞恩镇，但是那里的冬季冷极了，这让赫本萌生了一个想法，她打算在日内瓦湖畔另寻一个温度适宜的居所。肖恩回忆说："母亲说，他们当时带了三明治，把暖瓶倒满茶，乘坐火车从卢塞恩到洛桑去寻找房子，像郊游一样。她说她永远忘不了第一次看到和平之邸的那一天。一位朋友曾经告诉过她，那所房子也许要被出售。所以她让车停在房子的不远处，站在车篷下观看。那时正是春天。这所房子是一栋18世纪的农舍，周围有两英亩半的果树。她看到的是满眼的樱桃花，房子就掩映在红花绿树之后。"

遇到对的人，会一见倾心，遇到心仪的房子，也会如此，或许在见到这所房子的那一刻，她就已经开始幻想着如何装修，如何布置，幻想着自己和心爱的人一起生活在这里，那些平凡的生活琐事，如此令人向往。

虽然生病了，身体和精神都不太好，但她依旧操心着家里的大事小情。

有一次，肖恩陪她散步，她告诉儿子，哪几棵树需要明年修剪，她说："这棵树未来几年应该长得不错，不过那些比较高大的杉树需要修剪一下，否则那些较长的树枝在冬天就承受不住雪的重量了。"之后，肖恩遵从她的建议，尽心地养护着这些树木，他说:"这使我感到离她是那么地近,就好像她仍然生活在这个家中一样,这个家,对于她来说意味着许多。"她早就与这个家融为一体,沐浴在阳光中的一砖一瓦是她,随风摇曳的花花草草是她,与温暖相连的所有气息都是她……"

终于盼来了圣诞节,虽然身体已经大不如从前,但也足以让她满心欢喜。

这一年的圣诞节,他们同以往一样,按照惯例团聚。肖恩心里清楚,这也许是他们最后一次团聚了。赫本不喜欢其他人为她花费,她也不喜欢送给别人华而不实的东西,所以,像铅笔、橡皮、信笺这类的小玩意,会是她作为礼物的首选。

原本,考虑到赫本无法下床,大家决定取消圣诞大餐,但赫本坚持,她最不喜欢的就是感觉自己成为大家的累赘和负担。在她的坚持下,圣诞晚餐如期举行。亲朋好友欢聚一堂,晚餐过后,她艰难地走下楼,大家聚在一起交换礼物。

因为无法外出,所以她精挑细选了一些旧礼物,包括一条围巾、一件毛线衫、一支蜡烛。在肖恩眼中,"这个场景很令人感动,也是最珍贵的"。之后,她为大家朗诵了幽默作家兼广播电视名人萨姆·莱文森撰写的一篇短文,她把这篇短文改编成了一首诗,并且取名为《永葆美丽的秘诀》。

在赫本的最后一个圣诞节,纪梵希自然不会缺席。赫本将一件外套送给了他,低声恳切地说:"拿蓝色这件,因为这是你的颜色,我希望你一生都会留着这件外套。"当纪梵希返回巴黎时,他泪流满面,将外套围在自己的肩上。与老友一别,或许就是永远,任何一个小物件都承载着她的心意。

在圣诞节期间,虽然病痛依旧,但她是快乐的、放松的。然而,即便她身在瑞士,狗仔们依旧追了过来,时时刻刻准备着打扰她的生活。

他们试图通过篱笆,偷拍她在花园散步,甚至租了架直升机,时不时就掠过她房子的上空。在他们成功拍摄到照片后,他们一家不得不回到房间里。她极其愤怒,对她来说,每天在花园里20分钟的散步是她的精神支柱,外面那新鲜的空气、乡村的味道和牛铃声、在微风中摇晃的树木、被阳光透过树枝穿破的薄雾,都能给予她精神上的慰藉,但她不得不因为狗仔队回到屋内。

回瑞士过圣诞节,这个原本不能实现的愿望最终也实现了。当一切都变得格外圆满时,她的生命似乎也走到了尽头。

06 / 天使,再见

患病的每一天都是漫长的,要坚持吃药,要忍受疼痛,每一分钟都是在与死神对抗。

1993年1月17日,她努力地呢喃道:"喔,我好累。"随后,开始陷入半睡半醒的状态,意识始终是模糊的。

她有时会轻声说:"他们在等我……那些阿米什……他们在等……田里工作。"大家对她说的内容全然不了解,请她解释时,她只是温柔地回答说:"你们不会懂的,也许以后你们会懂。"

1月20日,她的病情进一步加重,开始长时间的沉睡,清醒的时间甚至只有几分钟。为了保证她不痛苦,医生给她使用了吗啡。肖恩知道后询问原因,医生告诉他,就她目前的状况来看,之前使用的止痛药或许并不起作用,所以使用吗啡至少能减轻她的痛苦。肖恩机械地问道:"有任何副作用吗?"医生直言,有可能将她的生命缩短24小时左右。

肖恩走进母亲的房间,他清楚,母亲就要离开他们了。望着平静安详的母亲，他似乎忘了她是个病人。整夜，他都守护着她。半夜时分，她醒了过来，他问了些问题，她都沉默着，直到他问她有没有什么遗憾时，她回答说："没有，我没有遗憾，……我只是不明白为什么有那么多儿童在经受痛苦。"

她曾经说过："我的圣诞愿望就是和平，尤其全球儿童更需要和平。唯有和平降临，我们提供的水才能止住他们的渴，食物才能滋养他们的身体，药物才能让他们康复。唯有那个时候，他们才能存活下来，游戏、学习，他们的父母才能存活，关爱他们。"她临终之际，她仍旧放心不下那些孩子。

肖恩将母亲的手放在他的脸颊上，他告诉她，他知道她是多么爱他们，他也知道现在她不想延长这种爱了，他们也不想了。他吻着母亲，告诉她，那个小男孩将永远陪伴她。对于死亡，她并不害怕，当他们谈起恐惧、愤怒和希望时，她告诉他们，"不要生气，死亡是很自然的，是生命自然的一部分"。

十多年前，她曾说："我的人生比童话故事还精彩。"确实，她的人生不是童话故事可以比拟的。在她去世后，费勒、多蒂陆续赶来，他们与沃德斯、肖恩和卢卡以及众多朋友一起送别她。

赫本曾经告诉大儿子肖恩，因为卢卡的缘故，她希望被土葬。赫本就因火葬母亲埃拉而感到遗憾，因为他们没有一个地点去看望埃拉。为了满足母亲想要被土葬的心愿，肖恩来到市政厅，为她挑选墓地。

看过公墓的平面图后，肖恩选定了63号空地，工作人员介绍说，这块地的价格是275瑞士法郎，如果他们购买的话，这块土地将会属于他们500年。肖恩问道:"如果要永远拥有,价格是多少?"答案是350瑞士法郎。肖恩回忆说:"我突然有种宁静的感觉,能在这个拥有800年历史的古老的小村生活是多么好啊。'永远'的价格仅仅需要多付出75瑞士法郎。"办完墓地的事情,肖恩又赶回家。

牧师帕斯托·艾丁戈尔来了,他站在床的一侧,肖恩他们跪在床边,在牧师充满感情的诵读声中,其他人默默哭泣着。祈祷结束以后,他们轻轻吻了她,又互相搀扶着回到楼下。牧师坐在椅子上,打开《圣经》,原本他可以先回家,有需要再回来,但他坚持一直留在这里,直到不需要他的时候。

肖恩来到每个人的身旁,向他们描绘墓地附近的景色,大家都觉得很不错。这一刻,他们的心里都十分平静,直到楼下的通话器响了,赫本35年来的女仆兼朋友吉奥瓦娜只说了一句"快来",他们就纷纷往楼上跑去。

她走了。肖恩描述当时的场景说:"她在微笑,嘴轻轻张开着。一滴眼泪挂在她的眼角。泪滴在闪光,像是一颗钻石。"有人想为她擦掉泪水,当肖恩想要阻止时,却发现自己连个"不"字都说不出来。在她生命的最后一刻,亲朋好友都站在她身旁,他们哭泣着,肖恩感觉自己像是夜晚站在高速公路上。他看到母亲的胸部还在动,但被告知是正常现象。随后,牧师进行了一个简单的涂油礼,医生们来到这里,确认赫本已经去世。

赫本的遗体在房间内停放了3天。在1月24日清晨,她的至亲至爱抬起棺木,护送着她来到教堂。在穿过小村的路上,聚集了两万多人，他们沉默着。一行人走得小心又缓慢，每走一步，棺木尖锐的边缘都刺痛着他们的肩膀。肖恩忍着痛，抬头看了看太阳，阳光让他目眩，但他始终微笑着。

之前，狗仔队经常会用直升机偷拍赫本一家，肖恩曾找到一位老朋友，他是瑞士军队的退役上校，并向他询问怎么才能在葬礼那天阻止直升机在上空盘旋。面对这个问题，他沉默了一会儿才说不知道。肖恩没有放弃，他知道这位老朋友向来不会向规则屈服，但他还是希望能够得到帮助。最终，肖恩并没有得到肯定的答复。但在葬礼当天，天空中没有出现任何飞机。后来，肖恩才知道，高层下令，从上午10点到下午4点，将整个葬礼区域设为禁飞区。

沃德斯回忆说："孩子们和我都不愿承认她已经在死亡边缘。"他也坦言，"或许我们没有告诉她病得多重是个错误，对她很不公平，因为她对死亡就像对生命一样实在。当她感觉自己濒临死亡时，要我们答应她，时候到了就让她走。我们答应了，但没有切实做到。"

肖恩困惑又悲伤地说："我们对这人体内已经退化无用的器官知之甚少，但是它杀死了我的母亲。在阑尾这个小小的器官里，积攒了我们体内无法消化的食物，还是堆积了我们灵魂无法弥补的创伤？"

赫本离开了人间，有媒体说："天使走了，上帝有人陪伴了。"

著名影星伊丽莎白·泰勒伤感地说："天使回到了天国。"

挚友格利高里·派克，满头银发，早已不再年轻健壮，他蹒跚着走到赫本身旁，泣不成声，说道："能在那个美丽的罗马之夏，作为赫本的第一个银幕情侣握着她的手翩翩起舞，那是我无比的幸运。"

十多年前，奥黛丽曾说："我也曾遇到困境，但在隧道那一头，总有一盏灯。卢梭说过，'爱是不会老的，它留着永恒的光焰和不灭的光辉，世界的存在就以它为养料'。"

生前，她最喜欢的一首诗——萨姆·莱文森的《永葆美丽的秘诀》，每一个字都散发着人性的光芒。

For attractive lips, speak words of kindness;
若要有魅力的双唇，要说友善的话；
For lovely eyes, seek out the good in people;
若要可爱的眼睛，要看到别人的优点；
For a slim figure, share your food with the hungry;
若要苗条的身材，把你的食物分给饥饿的人；
For beautiful hair, let a child run his or her fingers through it once a day;
若要美丽的秀发，就让孩子的手指每天穿过它；
For poise, walk with the knowledge that you never walk alone.
若要优雅的姿态，走路时要记住行人不止你一个。

People, even more than things, have to be restored, revived, re-claimed and redeemed; never throw out anyone.

人之所以为人，是必须充满精力、自我反省、自我更新、自我成长，而不是抱怨他人。

Remember, if you ever need a helping hand, you'll find them at the end of each of your arms.

As you grow older, you will discover that you have two hands, one for helping yourself, the other for helping others.

请记住，如果你需要帮助，你可以求助于自己的双手。

随着年龄的增长，你会发现你有两只手，一只用来帮助自己，另一只用来帮助别人。

这些她都做到了。

从教堂到墓地，肖恩的心情已经不那么沉重了，他回忆说："她活着的时候，我们是一个家庭，她离开了，我们仍然在一起。"他坚信母亲走得快乐而满足，他会永远记得，那天他伏在母亲身边，悄声问她是否害怕，她摇摇头，告诉儿子她真的很开心。至于原因，则是她确信他们是爱她的。

她一直坚信爱可以治愈、可以修理、可以改进世间一切不美好，可以使所有的事情变得完美。一生追求爱，一生奉献爱，坚信自己被爱着，一定是最值得满足开心的事情。

Part

她

她，是女儿，是妻子，是母亲，是演员，是亲善大使……多重身份叠加在一起，是一个复杂又纯粹的赫本。

01 伟大的母亲

在肖恩的记忆里,当他还是个满地爬的婴孩时,每当母亲为出席晚宴或者鸡尾酒会而坐在那里梳妆打扮时,他就会像一只小狗一样,匍匐在她的脚边。然后,她就会停下手中的工作,深情地望着他,温柔地说:"亲爱的,我真想留下来,给我一个理由,让我拒绝邀请,我宁愿和你待在厨房里吃那些残羹冷炙。"

虽然她不得不离开儿子去工作,但她让肖恩知道,她内心是多么渴望留在这里,留在他身边。比起母亲,肖恩是幸运的,他始终能够感受到母亲深深的爱。他回忆说:"我记得母亲身上那种熟悉而柔和清新的味道,每当我打开那个装满了母亲衣服的旧箱子时,这种味道就会紧紧将我包围。在这样的氛围下,我回想起她温柔的双手和深情的拥抱,这让我能够感受到她对我又多又深的爱。"

在每一次考试来临之前,肖恩都能感觉到母亲比他还要紧张,在考试前一天临睡时,她会将所有问题细致地问一遍,等第二天睡醒之后再问一次，每一次都是如此，哪怕她自己问着问着都会犯困，但依旧乐此不疲。

对肖恩来说，她是母亲，也是朋友。在周末的晚上，他们会关上灯，躺在床上聊天，大家畅所欲言，谈天说地，直到他们中有人扛不住困意睡着了。他们就如同朋友那样无所不谈，话题可以从现在到未来，从身边的人到远逝的事，生活中的琐事都可以作为聊天内容。肖恩说："在黑暗中一切都显得有些特别，感觉像是两个灵魂在交流。"

有一个像朋友的母亲，是多么骄傲又幸福的一件事情啊。没有距离，亲密无间，这是赫本作为女儿时，渴望从母亲那里得到的，但埃拉没有给她，如今，她成为母亲，如愿给了自己的儿子。

经常会有人问肖恩，有这样一位著名的母亲是什么感受。他说："我总是回答我真的不知道。在我眼中，她首先是一位母亲，然后是我最好的朋友。在这之后，我才会想到她是一位演员。这一点直到母亲去世之后，我才意识到她是一位多么不同寻常的演员，她对于我们的影响有多深多广。"

母亲并没有因为是大明星而错过他们的童年，他回忆说："虽然母亲是大明星，但我和卢卡都像普通孩子一样成长，我们并没有在好莱坞度过自己的童年，不只是说我们的住所，也是说我们的生活。母亲从来不在家里放自己的电影，对她来说电影的拍摄结束了就是结束了，所以我们并不是成长于一个演艺家庭。我并没有在到处充斥着电影制作人的环境中长大，我也没有和他们的孩子一起上学或者玩耍。"

在肖恩心目中,母亲是独一无二的,"和其他的孩子一样,我觉得我的母亲非常漂亮,如果他们愿意给她拍照,那就拍好了。母亲在我心目中一直非常美丽,不管是外表还是内心"。

守护家庭,是赫本从始至终的最高原则,在1988年接受采访时,她说:"当时我必须做出生命中的一项重要决定,放弃电影或者放弃我的孩子。对我来说这是一个非常容易做出的决定,因为我非常非常想念我的孩子。当我的大儿子读书的时候,我不能够再像往常拍戏时那样把他带在身边,对我来说这是非常苦恼的一件事,因此我决定暂时停止接拍电影,我愿意回到家中和孩子们在一起,这让我非常幸福。我可不是失落地坐在空空的房子里,一个人咬着指甲发呆,事实上和其他的母亲一样,我为我的两个儿子骄傲。"

赫本是大明星,更是一位伟大的母亲,她努力不缺席儿子的每一个重要时刻,当她带着儿子外出逛街,不管是买书还是买足球鞋,都能让儿子发自肺腑地高兴。肖恩说:"她真的是我最好的朋友,最重要的是,她让我体会到自己对她是多么的重要,这一点让我非常感动。"

正如赫本所说,从来没有人教过他们如何去处理他们的情感,也没有人教他们如何去辨别那些潜在的可能会危害亲密关系的危险因素,取而代之的是,他们看到的是抱怨的转嫁、痛苦的转嫁。正是因为自己不幸的童年,赫本才会更加留心情感的表达,她希望儿子牢牢记住,并且能时时刻刻感受到,他们的母亲深深地爱着他们。

肖恩12岁的时候,参演了学校编排的话剧《心病者》,他饰演一个没有病但以为自己得了绝症的角色,为了能够精准地演绎晦涩难懂的台词,他特意向母亲请教,得到的建议是读懂剧本,他需要弄清楚这种疾病到底是什么,又会造成什么样的伤害。

他准备充分,但临近正式演出时越来越紧张。母亲细心地发现了他的焦虑,耐心地用自己的例子去开导他:"想知道我是怎么做的吗?我会在睡觉前大声朗读一遍我的台词,然后第二天当我睁开眼睛后,我会再来一次。"

正式演出的那天,临出门时,赫本叮嘱儿子说:"上台的时候,会觉得自己什么都忘记了,千万别紧张,这很正常,每个人都会有这样的感觉,只要放松下来跟着节奏表演就行,千万别着急。"最终,演出十分成功,获得了雷鸣般的掌声。为了不影响儿子的发挥,她特意站在角落里静静地看着,对肖恩来说,母亲就是力量的源泉。

赫本非常喜欢孩子,她曾经说:"我从小就喜欢小孩子,喜欢亲近他们,也许这是我与生俱来的。我曾经在农贸市场里试图把别人家的孩子抱出婴儿车,弄得我母亲非常尴尬。我生命中的梦想之一就是拥有自己的孩子,我现在拥有两个出色的儿子,这让我很幸福。人们不仅有被爱的需要,同时也有付出爱的冲动,这也是一种需要。"

肖恩在母亲生病期间,曾经努力地想让她笑,他回忆说:"这是所有因为单亲而感到悲哀的孩子会做的事情。我会像个小孩儿一样故意做一些滑稽动作，或者用某种可笑的口音跟她说话，然后她就会开怀大笑，有时候甚至会笑得弯腰。"

在他看来，母亲"总是拥有敏感而又迟钝的幽默感"，她在住院的时候，还将拜访她的7位医师比作"7个小矮人"。她开玩笑地说："7个小矮人来过以后，我们将读到某人的来信，或者给某人打电话。"

其实，赫本幽默感十足。之前，她在拍摄《高跟鞋》时曾收养了一只公猫，后来这只猫开始思春，大家都在谈论这只猫应该叫什么名字，她轻松地说，"很简单，就叫'明天'"。大家疑惑不解，她则认真地解释说："因为明天永远不会来。"

02 / 爱是一种行动

赫本一生经历过两次婚姻，每一次都全情投入，每一次又都遗憾收场，但她始终坚信"执子之手，与子偕老"的爱情是存在的，她或早或晚也将拥有。

梅尔·费勒是她的第一任丈夫，但她不是他的第一任妻子。他们初次相遇时，费勒还不是单身状态，他有家庭有妻子，但对赫本一见钟情，甘愿为她脱离家庭，只为和她长相厮守。面对如此优秀的男人，赫本怎么会不动心呢？

在他一次又一次的攻势下，赫本败下阵来，她爱上了这个体贴的男人。她崇拜他，对他言听计从，甚至可以忽视自己的感受去迎合他。他们的婚姻持续了14年，在这段时间，赫本的事业蒸蒸日上，她从明星变成了大明星，但费勒的事业没有太大起色，所以他一心扑在她的事业上，担任她的经纪人、制片人等，为她挑选剧本，甚至左右她的决定。

面对费勒的全面干涉，赫本纵然有百般不满，但仍旧顺从他的安排。然而费勒仍不满意，因为外界纷纷称他为"赫本先生"，自己就像是赫本的一件附属品，这对于一个好胜心强的男人来说，绝对是一件难以接受的事。久而久之，费勒开始在其他女人身上寻找存在感。客观来讲，也确实少有男人可以与赫本并肩，费勒所承受的压力的确不小，但压力绝对不是他移情别恋的理由。

为了维持这段婚姻，赫本百般努力，她不愿自己的孩子在单亲家庭中成长，更不愿他体会失去父爱的孤单和痛苦。就这样，她选择牺牲自己，拒绝了许多机会以便能够将时间和精力留给自己的家庭。然而，婚姻想要长久维持，夫妻二人想要白头偕老，单靠一方的努力是不够的，他们最终还是以离婚收场。

成年后的肖恩回忆起父母的婚姻，说："我了解他们之间对彼此的那种爱情，我也了解在爱和幸福的梦想逐渐破灭之后，他们所经受的那种痛苦和折磨。"赫本对他说过，"爱是一种行动"，在她看来，"爱不仅仅是坐下来谈话，从来都不是"。她还说："我们生下来就具备了爱的能力，但是我们还必须去锻炼它，就像我们锻炼其他的肌肉一样。"

不是不爱，大概只是爱错了人。

赫本的第二任丈夫是安德烈·多蒂，他与费勒一样优秀，他们在1969年1月18日举行了婚礼，本以为爱情可以让婚姻生活变得充满温存，可惜，也不过是一场梦。

赫本与多蒂的婚姻也持续了十余年，起初，他们是幸福的。多蒂将赫本与费勒所生的儿子肖恩视如己出，两个人相处融洽。

但多蒂的问题在于他的花心,试问如何让一个花花公子彻底收心呢?哪怕是赫本,也没有做到。

为了经营好这段婚姻,赫本试着靠近多蒂。她自学心理学,只是为了和他多些共同话题;她推掉一些好的影视资源,只是为了能有时间多陪伴在他身边;她努力"造人",只是为了让这个家更完整……可惜,不是多蒂不懂,而是他不在乎。当赫本在家照看他们的儿子卢卡时,他正忙着和其他女人搂搂抱抱。

在有了儿子卢卡后,赫本决定息影,将全部的时间和精力投入家庭和孩子身上。也正是这个决定,激化了夫妻二人的矛盾,因为多蒂坚持认为赫本不应该息影。原本,赫本还打算为了孩子继续忍耐,但当她目睹多蒂偷腥后,她毅然决然地选择了离婚。

接连两次失败的婚姻,让赫本消沉低落了一阵子,直到她遇到了命中注定的人——罗伯特·沃德斯。他们没有结婚,但他们拥有比婚姻更坚固的关系,他们是彼此的心灵慰藉,面对外界的追问,赫本回答说:"我们没有不结婚的理由,但是我们根本不需要结婚。"

肖恩说:"母亲总是身心投入地爱着她的丈夫,她尽了自己的最大努力去维系这两段婚姻。她所犯的错误只是她没有在恰当的时候去倾诉自己的感情,同时聆听别人的心声。在主动和被动之间,母亲没有找到一个合适的分界点。"

赫本内心的想法,是外人无法深切感受的,但肖恩可以,对于母亲的婚姻,他有自己的看法,"从很多角度来看,我母亲的两次婚姻似乎源自同一种动力,第一次和我的父亲梅尔·费勒,第二次和卢卡的父亲安德烈·多蒂，看起来就像是一种延续"，具体来讲，就是"这两个人在情感上都有童年时代留下的伤疤，他们都有强势的母亲，充满才华并且控制力极强，但是都不善于和孩子交流，在那个年代，这直接影响到了他们的生活、教育和对社会角色的认知"。

总结来说，他们都有一种"情感上的饥饿"。在担任联合国儿童基金会亲善大使期间，她常常说那些需要帮助的孩子们有"情感上的饥饿"，显然，这不是食物能够解决的问题。不管是费勒，还是多蒂，肖恩认为他们是同一类人。

一直以来，她所追求的是一种平淡又安稳的生活。她不愿意自己的生活被打扰，但凡有机会，她就会离开好莱坞的镁光灯，第一时间飞回瑞士的家。在自己的家中，她可以享受自己最喜欢的简单生活，在这里，她不是大明星，也不会有人将她团团围住索要签名和合影。

"这种对感情的执着追求和纯真渴望应该被呵护、被宠爱，很多时候我的母亲都生活在自己营造出来的感情幻想中，那是一种无论男女都盼望拥有的生活，而对母亲来说，这只是个一触即破的肥皂泡。"肖恩对母亲的感情生活似乎看得更加透彻。

03 洗手做羹汤

赫本乐于为家人洗手做羹汤。但凡在家,她都会抽出很多时间待在厨房,精心准备一日三餐。她本身就是一个待人接物极其认真的人,对每一件事都竭尽全力,也是她感到满足、幸福的源泉。

她看起来总是那么纤瘦,所以人们非常好奇她是如何保持好身材的,爱美的人们也迫切地想知道她的塑身秘诀。实际上,这个秘诀来自她的经历。在战争期间,她始终处于饥饿状态,所以身体一直营养不良,此外,她还坚持芭蕾舞训练,如此一来,整个人就呈现出利落的线条美。

她从来不吃快餐食品,但甜品是她不会拒绝的美味,尤其是淋上了焦糖浆的香草口味冰淇淋,够甜、够诱人。她有睡午觉的习惯,在每次午睡之后,她都会吃掉整整一大块巧克力,她解释说"巧克力是让人快乐的食品,能够驱走忧郁"。

一定要说明的是,她的瘦绝对不是因为刻意的节食,也不是因为她是个素食主义者。每天，她的饭量和其他人一样，该吃吃、该喝喝。要说美食千千万万，最让她中意的是意大利面，几乎每天都要吃，但她不会特别为了意大利面而搭配肉类，在她看来，沙拉才是意大利面的绝配。

在那个不懂健康食谱和科学配餐的年代，她这么做完全是出于自己的口味，她喜欢才是最重要的。不过她有一个好习惯，就是不管有多么喜欢，不管这顿饭有多么诱人，她坚持只吃一份。

随着年纪越来越大，她的胃口确实也越来越小。她不喜欢吃猪肉，但是牛肉、鸡肉和鱼，是可以看情况来一些的。她有着一手好厨艺，她认为，食物颜色的搭配与口味同样重要，"如果整个盘子里都是白色的东西，那吃的时候感觉一定很无趣。不仅如此，那样的食物对身体估计也不会好"。

在她的烹饪原则下，她做的饭菜既健康，又好吃，还美观，可谓色香味俱全，所以肖恩每次吃饭的时候，都会吃得一干二净，这对厨师来说，可以说是最骄傲、最高兴的事情了。

因为爱吃意大利面，她也没少下功夫研究意大利面。在众多意大利面的口味中，番茄汁意大利面是她最为偏爱的，她会在每星期至少吃一次。番茄酱的话，她最喜欢博洛尼亚番茄酱。在原来的基础上，她根据自己的口味加以改良，最终成为她的私房菜。

用料包括一个洋葱、两瓣大蒜、两根胡萝卜以及两棵芹菜，全部洗净切成小碎块儿，然后一起放进罐子里，随后加入意大利番茄酱，或者将两个罗马西红柿细细切碎，与此同时，半把新鲜罗勒叶及橄榄油也是必备的。准备齐全后，用小火慢炖45分钟，关火后，自然冷却至少15分钟。酱料准备好后，开始煮意大利面，要确保爽脆的口感，千万不要煮得太烂。煮好后，撒上上雷吉纳地区产的干奶酪和半把罗勒叶，再浇上炖好的番茄汁，赫本私家番茄汁意大利面就大功告成了。

"让意大利面在酱汁里游泳"，这种酱汁多多的意大利面正是赫本喜欢的。这一次吃不完，那就留给下一顿饭，小火加热后就又是一顿美味了。

给意大利面调味的香蒜沙司，赫本也有自己的配方，儿子肖恩亲切地称之为"奥黛丽香蒜沙司"。用到的材料是芹菜、罗勒叶、大蒜、橄榄油和意大利干奶酪。比起其他沙司，她所制作出来的沙司含水量更大。提前将一大把意大利芹菜和罗勒叶洗干净备用，随后放入搅拌机中打碎，之后根据自己的口味，适量加入大蒜、一杯脱脂牛奶、些许橄榄油和半块干奶酪，然后持续搅拌，直到变成浓稠状。

至于意大利菜的秘诀，赫本也很有心得，她认为材料的新鲜是至关重要的。

法国菜过程讲究、排场讲究，但忙忙碌碌半天，最后需要用大量的酱料沙司来掩盖食物的不新鲜。意大利菜就与之不同，甚至是截然相反，正如她所说，"贵族皇室创造了法国菜，农民创造了意大利菜"，意大利菜绝对不是简单地在食物上放上厚厚的番茄酱和奶酪，其实，意大利菜也是有诸多变化的，甚至是世界上变化最多的菜系之一。

赫本是举世瞩目的大明星,但同时也是一位甘愿为爱人洗手做羹汤的普通女人。她不是高高在上,衣来伸手饭来张口,相反,她有着十足的烟火气,那么真实,那么鲜活。

04 / 恋人未满,友情至上

(1)赫本与纪梵希——比爱情更深刻。

赫本与纪梵希,当他们在最好的年纪相遇时,还不会知道这次相遇对于彼此的意义。当时间走过,一切都有了答案。他们不是恋人,但他们之间的感情却可以超越爱情。赫本一生拥有过很多次爱情,或轰轰烈烈,或刻骨铭心,而她与纪梵希的友情,丝毫不逊色于爱情。

他们是朋友,也是合作伙伴。纪梵希说:"她对自己想要什么、目标是什么,总是一清二楚……她从不像被宠坏的明星一样摆架子,她知道如何塑造自己坚强独立的形象。"他是为她设计服装的人,而她是他的缪斯女神,因为纪梵希说过:"赫本的美丽,是我旗下任何一个模特都无法比拟的,是她让我看到了服装的新生命。"

他们惺惺相惜，彼此认可，彼此欣赏，赫本说过："纪梵希优雅、简单的服装，给予了我电影角色应有的美感和生命，让我进入角色中。"她甚至承诺说，"以后我的每一部电影，都要由纪梵希为我设计！"纪梵希也对赫本说："我愿意为你做任何事。"

他们势均力敌，一路走来，在顶峰相见。

不管是在银幕还是在其他重要场合，纪梵希的衣服始终陪伴在赫本左右。

即便是婚礼上，也是纪梵希为她量身定制婚纱，一针一线细细打磨，他给不了她爱情，但给了她超越爱情的呵护。她信赖他，他宠爱她。正如她自己所说，穿上纪梵希设计的衣服，有一种被保护的感觉。

在赫本息影之后，纪梵希依旧伴其左右。在塞纳河畔，他们默契地肩并肩，将时间和世界都遗落在身后。

多年之后，纪梵希仍然以自己的方式怀念着这位老友。

2015年，纪梵希出版了一本书，名为《给奥黛丽的爱》(*To Audrey with Love*)。哪怕她已经离世很久了，他依旧难以割舍对她的回忆。

2016年11月23日，在海牙市立博物馆，他出席了名为"向奥黛丽爱的告白"的展览。那些优雅时尚的服装，那些精致的帽子、耳环、手镯和项链等配饰，都是他精挑细选的，点点滴滴都是对赫本的怀念。

如果说要用一句话来形容他们的关系，那就是友情之上，恋人未满，人生能得到一个可以坚定站在自己身旁的好友，已经是三生有幸。

(2) 赫本与派克——公主与骑士。

格利高里·派克对赫本来说，就是虔诚的守护者。

1952年，通过《罗马假日》相识后，他们就成为最佳银幕情侣。不管是在拍摄过程中，还是在后来进行宣传时，他都尽力给予她支持与帮助。他曾真诚地说："她没有这一行常见的笑里藏刀、飞短流长那种个性，我很喜欢她，其实我爱她，要爱上她实在太容易了。"

如果说赫本是优雅的代名词，那么派克就是绅士的代名词，他有"好莱坞最后一个绅士"的名号。他的一生，始终坦坦荡荡，从未有过任何花边新闻，这在好莱坞的确不多见。他忠于内心，不哗众取宠，也不愿违背自己的意愿，当有人推举他竞选加州州长的时候，他一口回绝。赫本曾教育孩子们说："想要做一个绅士，必须首先做一个温文尔雅的男人。"毫无疑问，派克就是榜样。

他们同为演员，他又是巨星，谈到她的事业，他也会提出中肯的意见："她是个有趣的小姐，我总觉得她应该多演一些喜剧，他们把她定了型，其实他们一直想再拍类似《罗马假日》的电影。我不是觉得她的表现不好……只是认为她可以有更宽广的戏路。"

派克重情重义，在她遭遇婚姻的背叛时，一向不愿对外过多提及私事的她，也会拨通他的电话，诉说心中的委屈与无奈。坚固的感情永远是双向的，当他遭受丧子之痛时，她也会不远万里从国外赶到他身边，宽慰他，陪伴他。

他是她的守望者，她的第一任丈夫就是由他介绍的。

1954年9月，在她的婚礼上，原本在美国的派克，第一时间赶来参加婚礼，并且为她挑选了一枚胸针作为结婚礼物，从此之后，这枚胸针陪伴了她好久好久。

在她的葬礼上，派克同样千里迢迢赶到瑞士，送她最后一程。要知道，当时的派克已经77岁了，白发苍苍，身体也早不如从前硬朗。自从1991年退出影坛之后，他就很少再出门了。但这一次，哪怕步履蹒跚，他也要来到她身边。

在沉睡着的老友面前，他泣不成声，他哽咽着说道："能在那个美丽的罗马之夏，作为赫本的第一个银幕情侣握着她的手翩翩起舞，那是我无比的幸运。"随后，他在她的棺木上留下了轻轻的一吻，最后道别时，他含情脉脉地说道："你是我一生中最爱的女人。"

在她去世后，派克送给她的那枚蝴蝶胸针就静静躺在她的首饰盒里，这是他送给她的礼物，也是被她珍藏了一辈子的珍宝。后来，在2003年4月24日，苏富比拍卖行举行了赫本生前衣物、首饰慈善义卖活动。派克再次出现在现场，他是为了那枚蝴蝶胸针而来，最终他亲自买了下来。他从来没有告诉过她，这枚蝴蝶胸针并不是普通的礼物，而是他祖母的家传，意义非凡。可惜，赫本再也不会知道了，但她将其视若珍宝，一切又不必说遗憾。

2003年6月12日凌晨4点，在比弗利山庄的寓所里，派克永远地沉睡了。

他爱她，但仅限于朋友之爱。在一档访谈节目中，年迈的派克被问到谁是他一生之中印象最深刻的女演员，他说出了英格丽·褒曼的名字。

这一生，他们是同行，是搭档，但更重要的是，他们是一辈子的好朋友。

（3）赫本与加里——知我者莫过于你。

《谜中谜》是加里·格兰特与赫本唯一合作的一部电影，他们因此结下了深厚的友谊。

1999年，加里·格兰特被美国电影学会选为"百年来最伟大的男演员"第2名；2005年11月，由美国电影杂志《首映》评选出的"历史上最伟大的50位电影明星"中，加里·格兰特排名第1位。

对赫本来说，年长26岁的加里就是她的偶像，他的电影陪伴着她成长。他们之所以能够在《谜中谜》中合作，全靠赫本努力。在接下《谜中谜》剧本之前，她提出的第一个条件就是加里·格兰特担任男主角。后来，加里在1962年接受采访时表示，"圣诞节我最想要的礼物，就是和奥黛丽·赫本合作下一部电影"，可惜，从《谜中谜》之后，他们就再也没有合作过，庆幸的是，他们的友情延续了下去。

《谜中谜》是赫本第一次尝试悬疑片,她坚持认为,加里就是男主角。在这次合作之前,他们互不相识,对彼此的了解全是靠彼此的作品。为了让两位主演尽快熟悉彼此,导演斯坦利·多南还特意在开拍之前为他们安排了一场餐会。

这是赫本第一次见到自己的偶像,她整个人异常兴奋,同时也格外紧张。两个人坐下后,就开始聊天,紧张的赫本一不小心把红酒打翻了,加里的白色西装一下子就遭了殃。面对惊慌失措的赫本,加里淡定地告诉她,可以处理掉,随后脱下西装外套继续聊天。这一幕还被导演用到了电影里,就在男主角和女主角在巴黎塞纳河边散步时,女主角不小心把冰淇淋弄到了男主角的西装上。

对于这段小插曲,赫本回忆说:"我非常不好意思,一直不断道歉。"加里没有半分责怪她的意思,依旧亲切。第二天,他还送了一盒鱼子酱给她,并在便签上留言"别自责"。

1981年,加里·格兰特获得"肯尼迪中心荣誉奖"。作为老搭档和挚友的奥黛丽·赫本上台致颁奖词,表达对格兰特的赞赏。舞台上的赫本知性优雅,言语如诗,风华绝代。

她站在聚光灯下,深情说道:"世界是座舞台,所有男男女女只不过是演员,这位演员非比寻常,他也是我们的挚友。何为友谊?友谊是润物细无声,伤心落泪时,让你破涕为笑;担惊受怕时,让你安心,为平淡的生活平添盎然生机,为人们创造出从没见过的美好世界,帮助人们成为他们从没想象过的自己。挚友,悄然进入我们死水一般的生活中。光明和鼓舞扫除愁绪与黑暗，我们开始泰然地面对每一天，我们今生，无论悲欢离合、阴晴圆缺，他都不会缺席。谢谢你，加里，在这个人人自私的年代，多年来一直为悲伤之人带来欢愉，为追梦之人实现梦想。我这一生都满怀感激，爱意充盈，知我者莫过于你。"

05 / 奇妙的演艺生涯

回顾自己的演艺事业,她感慨地说:"我的生涯历程真是很奇妙。"对她来说,她从来没有想过自己会成为演员,从没想过自己会演电影,更从没想到一切会以这样的方式发展。毋庸置疑,她是成功且伟大的演员,但面对所有赞美之词时,她时刻谨记"我得保持平常心"。

面对世界的瞩目,大多数人会迷失自我,开始得意忘形。但对于在演艺事业上的成功,赫本有着清醒的认识,她说:"我想把这一切都当成发生在别人身上,从客观的角度了解自己的价值和对公司的贡献。我总是追求前方的事物,若算得上有成,是因为我抓住了每一个机会,而且非常努力。没有任何成就是轻松得到的。在音乐剧中,我是只受过芭蕾训练的紧张女孩,必须观察其他所有人,才知道该如何举手投足;在舞台剧《金粉世界》里,我完全没有表演经验,却得登台。这出剧作在美国颇为成功,他们对我赞赏有加,但在公演的十六个月里,我仍不断学习,一直到公演的最后一夜,其实才做好第一夜的准备。《罗马假日》对我来说又是一个挑战,我必须在镜头、灯光、喧闹和紧张当中,拿出真正的表现。"

她优雅、美丽、气质绝佳,但努力才是她制胜的法宝。任何时候,她都是全力以赴,从一开始的懵懂无知到演技日益纯熟,是数年如一日的努力换来的。就像儿子肖恩所说:"做演员只是母亲的第二选择,一个无奈的选择,但是对母亲来说,这和跳芭蕾一样,都有必须遵守的原则——努力工作、遵守纪律和拥有职业精神。"

当面对或好或坏的影评时,她冷静又客观,她说:"这是我毕生最大的考验。截至目前,我不过是由宣传塑造出来的明星,是由记者造就的。但他们塑造的我只不过是个影子,除非观众认同我,否则就不是真的。"哪怕世界皆醉,她仍然是清醒的。

谈到奥斯卡提名,她也有自己的理解:"至于提名这件事,我想我是众人皆醉我独醒的唯一一人。每个人似乎都在找理由解释,在我看来却非常简单——我的表演未臻水平。我坚信即便有人对杰克·华纳或我怀恨在心,或者要确保朱莉·安德鲁丝得奖,只要我的表现够水平,那么他们都只是白费心机。《窈窕淑女》对我的意义如此重大,因此我不由得偷偷希望能够获得提名,但绝不奢求。因此我虽然失望,不过不像一些好友那么震惊。我惊讶的是随之而来不断的压力……要我在盛会当晚到加州。"

在连续第三年入选服饰名人堂后,她分享了自己的搭配秘诀。在远离聚光灯的生活中,她更偏爱简约的着装,要么是直的长洋装,要么就是长裤配短上衣。她的搭配指南是:"因为色调缺乏重点,所以我偏爱黑白,或如乳白、淡粉、绿色等淡色系,这些颜色让我的眼睛和头发看起来比较黑;鲜艳的色彩会压过我,让我失色。"至于自己又高又瘦削的身材,她则是从不穿有垫肩或呈方形肩形的衣服,她说:"我常用袖孔和领子来塑造窄肩而非宽肩的印象。我也穿平底鞋,塑造我比实际娇小的印象。"

赫本认为,每个女人不应该做一个时尚的奴隶,不应该一味模仿明星,而是应该找到一种最适合自己的穿衣风格,然后在此基础上,根据时尚流行趋势和季节变化来加以修饰。她自己倡导朴素随意的衣服,不喜欢打扮得花枝招展。她的穿衣哲学是:"穿着休闲夹克衫出席一些要求正装的场合,要比穿着正装出席一些非正式场合好得多。"

在著名华裔设计师王薇薇眼中,赫本是"最早的现代女性之一",她说:"受制于文化的影响,要走出个人的风格并不是那么容易,她的穿着显示出她的想法与心智。为了要这样做,必须时时游走于危险边缘。要拒绝好莱坞的种种诱惑需要极大的勇气,特别是要走出20世纪50年代珍·罗素当道的性感时期。"

塞希尔·比顿是一位摄影师及视觉形象师,他才华横溢,曾参与《窈窕淑女》的人物造型设计。他曾撰写了一篇关于二战后欧洲的文章,并发表在VOGUE杂志上,他不惜笔墨,对赫本的赞美溢于言表。

赫本的形象之所以成功,在于"她几乎囊括了所有的现代精神",法国的浪漫气息与比利时的坚韧不拔,集于一身,堪称"这个时代浪潮最完美的代言人"。在赫本出现之前,几乎没有或者很少有这类女子,即便有,大家也会将她们当作"法国革命中大踏步走在浪漫主义革命最前端的那些野孩子"。

人人羡慕她,向往成为她的样子,所以到处可见消瘦的女孩子,她们留着赫本的同款短发,但她们不是她,也很难复刻她。赫本从来不觉得自己在外貌上有优势,相反,她认为自己浑身都是缺点。实事求是来讲,她不符合古典美的审美标准,但是,在独特气质的加持下,她又是如此美丽,如此完美。

贝西·安德森·斯坦利曾经写道:"经常保持笑容,赢得智者的尊敬和孩子们的喜爱,获得最严厉的批评家们的欣赏,容忍那些所谓朋友的背叛,学会欣赏美丽的事物,发现身边人的优点,在离开这个世界的时候能够留下一个健康的孩子、一座小公园,或者曾经对社会环境做出过贡献,了解到你的存在至少能够帮助一个人生活得更加轻松,这就是成功了。"

按照这个评判标准,赫本是成功的。

在《甜姐儿》中,弗雷德与赫本合作愉快,他说:"我敢打赌,她是我遇见的最可爱的人儿之一,能够与她一起工作简直太幸运了。"

1989年的夏天,就在她刚刚过完60岁生日的时候,她出演了由导演史蒂芬·斯皮尔伯格执导的影片《直到永远》,她在片中饰演美丽优雅的天使——哈普。影片讲述了森林灭火员彼特在牺牲后,变成了守护天使,他回到人间后,起初因为接受不了挚爱的女友琳达与其他人产生浪漫情愫而阻挠他们,哈普则负责指引他守护琳达,最终帮助琳达走出失去爱人的痛苦,并重新开始生活的故事。

在影片中,赫本身穿一身白色的服装,温柔地开导彼特说:"等你熟悉后,就能将你的想法深植在他们的脑海,变成他们自己的想法。聪明吧,所以若想为自己打算的话,那是一种浪费。①"当彼特暗中阻挠女友开启新生活时,她将他召回到身边,认真地告诉他:"我要你和她说再见,否则她永远得不到自由。"

当彼特意识到自己的错误后,他在女友琳达遭遇危险时陪伴在她身边并帮助她渡过难关,在影片最后,他真挚地祝福她说:"现在我可以将内心的话全部告诉你,你将会有很美好的生活,不会再有噩梦,每天快乐地去睡觉,充满喜悦地醒来,你有很多朋友,并和他们愉快地相处,你将拥有一切,包括爱情在内。"

这是一部奇幻爱情片,也是赫本参演的最后一部商业片。这时的她61岁了,皱纹已经悄悄爬上了脸颊,但她依旧自信从容。没有厚厚的脂粉,没有一丝不苟的造型,她只是站在那里就自成一道风景线。

《世界花园和奥黛丽·赫本》是美国PBS电视台制作的纪录片,一共有9集,先后介绍了8种类型的花园,还包括一段幕后花絮,她在树荫下朗读《安妮日记》的经典镜头就出自这里。赫本在其中担任解说员,这也是她最后一次出现在荧屏上。从此之

---

①意思是如果为自己打算,那么想把自己的想法变成他们的想法这种行为,是一种浪费。

后,那个叫奥黛丽·赫本的女演员再也不会为观众及影迷朋友们献上新作品了。

《世界花园和奥黛丽·赫本》不是什么大制作,主要是介绍世界各地的花园。赫本是讲解员,在她的带领下,大家仿佛随她一同去了蔷薇花园、乡间花园、热带花园、日式花园……在那里,有争奇斗艳的花朵和各不相同的花园故事,在她富有诗意的讲解下,观众对各种花园都有了更深入的了解。

在节目中,她身穿简约又不失气质的套装,自由自在地穿梭在花园之中。此时的她,颠倒众生的容颜已经不复存在,但皱纹在她的脸上如此动人。纵然年华老去,她依旧光彩动人,如果将她比作一朵花,那她就是花园中永不凋谢的那一朵。

在1993年的秋天,《世界花园和奥黛丽·赫本》这部纪录片帮助她获得了艾美奖杰出个人成就奖。至此,她完成了美国四大艺术奖项的大满贯。

可以说,在演艺事业上,她有一个圆满的句点。

巴里·派瑞斯说:"自丽莲·吉许以来,那些拥有孩童特质的女人开始吸引人们的注目,赫本却携着逼人的魅力和世故复杂。大多数迷人的女演员都是从女招待、女店员做起,她们通过自己的努力被举荐整饰后而获得了成就。但奥黛丽·赫本不是,她或多或少是以另外一种形式达到这一点的,像波提切利半个外形的维纳斯塑像。美丽与魅力可能是同时存在的,但这绝不意味着它们是等同的。视觉上的美感是必要的,但并不能充分表述出'魅力'二字的含义,魅力更抽象、深奥,假如魅力能催人入眠,那么赫本无疑是她所身处的时代最能够充分证明的例证。"

后记
爱，永不止息

为了表彰赫本作为亲善大使为孩子们所做的一切，赫本被授予年度奥斯卡人道主义奖，这一年是1993年，此时赫本已经因病逝世。2002年，联合国儿童基金会为了纪念赫本为孩子们做出的努力，将一尊青铜雕像命名为"奥黛丽精神"。

在她去世后，儿子肖恩在美国设立了联合国儿童基金会"奥黛丽·赫本纪念基金"，该基金旨在通过教育改变非洲某些国家儿童的现状，他们会在四个非洲国家开展教育援助，分别是索马里、苏丹、埃塞俄比亚和厄立特里亚，这都是赫本认为最需要基础设施的四个国家。后来，"奥黛丽·赫本纪念基金"又参与了联合国儿童基金会的"让所有孩子上学"计划，该计划能够让全球一亿两千万孩子得到受教育的机会。

肖恩继承了母亲的遗愿，将母亲对孩子们的这份爱延续了下去，让更多的孩子受益。赫本在世时，一直坚持乘坐经济舱，偶尔与沃德斯互赠礼物时，会将商务舱机票送给对方，除此之外，基本都是乘坐经济舱。生病之后，因为身体极度不舒服，在沃德斯的强烈要求下她才乘坐了头等舱。

赫本认为，在一个世界上还有很多人在忍饥挨饿的年代乘坐头等舱简直就是一种犯罪。作为举世瞩目的巨星，物质基础早就格外丰厚，但她从不会花大手笔购置豪华跑车，尽管这些豪车在其他明星家庭是标准配置。在赫本家，只有沃尔沃和奥迪，这是出于一种信赖。

2003年，肖恩为母亲撰写的人物传记正式出版，名字叫作《天使在人间》，他通过自己的视角讲述了母亲从一个平凡小女孩成为世界巨星的传奇故事。

他深情地写道："离开我们之后，我就一直在斟酌如何写这篇序言，到现在将近9年了。她是我的母亲，是我在这个世界上最爱的人。1993年1月21日，在她去世后的第二天，我就开始构思写这本书。然而，大约4年之后我才在纸上写下第一个字。万事开头难，当我开始动笔之后，真正的写作大约花费了几个月的时间，写书总是这样，时间大多都花费在前期的准备工作上了。"

肖恩说，母亲觉得自己的生活平淡，不值得一写。在他眼中，母亲不善言辞，讲话也尽量简洁，"她还保留着维多利亚时代的说话方式——谨慎、严肃、简洁、直白，让人觉得枯燥无味。"外祖母埃拉经常对母亲说："你呀，可真是个无趣的人！"但在肖恩看来，"母亲并不是真正的无趣，她只是不愿意把时间浪费在闲谈上，她把全部的精力都给了她所热爱的事业，她是一个好演员、好母亲，还是一个伟大的亲善大使"。

他希望这本《天使在人间》是一本关于"人生哲学"的书，当被人问起这本书都包含哪些内容时，他的回答是："这本书会包含我母亲生命中最后几个月的生活、在那段时间我们之间的交流，通过这些文字我可以重新感受母亲的思想和爱。"

肖恩似乎找到了母亲受人喜爱的真谛，他说："她基本上是一个没有安感的人，这种渴望得到保护的感觉能够使每个人爱上她。这难道就是美丽的真谛？就像一只小鹿在小溪边喝水，突然小鹿抬起头来，睁着无助惊恐的大眼睛四处张望，那就是美。她不知道自己的身材有多么苗条纤细，不知道自己的动作是多么优雅。她只是一只小鹿，就像其他小鹿一样。"

简单就是她的信仰，不仅穿衣搭配如此，在处理人际关系时也遵循这个原则。在做决定之前，她会说："做那些最需要做的事情，清楚地知道到底要的是什么。如果要得太多，不但什么都得不到，而且会把自己的生活搞得复杂劳累。"

《新约·哥林多前书》说："爱是恒久忍耐，又有恩慈；爱是不嫉妒，爱是不自夸，不张狂，不做害羞的事，不求自己的益处，不轻易发怒，不计算人的恶，不喜欢不义，只喜欢真理；凡事包容，凡事相信，凡事盼望，凡事忍耐；爱是永不止息。"

对赫本来说，她对这个世界的爱，永不止息；世界对她的爱，热烈且持久。

附录A
赫本主要生平

1929年5月4日,赫本出生于比利时布鲁塞尔市

1935年,进入贵族寄宿学校学习

1938年,毕业

1939年9月,大战爆发,赫本跟随母亲回到荷兰,并进入荷兰安恒音乐学院学习芭蕾舞

1948年,战争结束后,赫本跟随母亲来到英国伦敦,进入玛丽·兰伯特芭蕾舞学校学习芭蕾舞;几个月后,赫本被迫放弃芭蕾舞,开始以兼职模特谋生,并加入歌舞团参加演出;音乐剧《高跟鞋》是她第一次以舞者身份出演歌舞剧

1949年,参演音乐剧《鞑靼酱》

1950年,参演《开胃酱》,获得独舞的机会

1951年,参演英国电影《天堂的笑声》,正式成为一名电影演员。随后,又出演了喜剧电影《野燕麦》及犯罪喜剧《拉凡德山的暴徒》

1952年9月2日，首次担任女主角的爱情喜剧片《罗马假日》上映；同年，在舞台剧《翁蒂娜》中担任主演

1954年9月9日，主演的爱情喜剧片《龙凤配》上映

1956年8月21日，主演的爱情战争电影《战争与和平》上映

1957年2月4日，主演的音乐歌舞片《魂断梅耶林》上映；2月13日，主演的爱情歌舞片《甜姐儿》上映；6月30日，主演的爱情喜剧片《黄昏之恋》上映

1959年3月19日，主演的爱情电影《翠谷香魂》上映；6月18日，主演的剧情片《修女传》上映

1960年4月6日，主演的西部电影《恩怨晴天》上映

1961年10月5日，主演的喜剧电影《蒂凡尼的早餐》上映；12月19日，爱情电影《双姝怨》上映

1963年12月5日，主演的悬疑电影《谜中谜》上映

1964年3月1日，主演的爱情喜剧片《巴黎假期》上映；12月25日，主演的《窈窕淑女》上映

1966年7月13日，主演的爱情犯罪电影《偷龙转凤》上映

1967年4月27日，主演的爱情喜剧片《丽人行》上映；10月26日，主演的惊悚电影《盲女惊魂记》上映；同年，宣布息影

1975年，返回影坛，出演爱情冒险电影《罗宾汉与玛丽安》

1979年6月29日，主演悬疑电影《血统》

1980年8月14日，主演的爱情喜剧片《哄堂大笑》上映

1987年2月23日，友情出演的电视电影《窃贼之爱》上映

1989年12月22日，客串出演的奇幻爱情电影《直到永远》

上映，这是赫本出演的最后一部电影作品

1993年，纪录片《世界花园和奥黛丽·赫本》播出，赫本担任解说员，这是她最后一次出现在荧屏上

1993年1月20日，因结肠癌在瑞士洛桑病逝，享年63岁

参演电影

《罗马假日》《天堂里的笑声》《龙凤配》《甜姐儿》《蒂凡尼的早餐》《谜中谜》《修女传》《巴黎假期》

《盲女惊魂记》《黄昏之恋》《丽人行》《翠谷香魂》《战争与和平》 等。

- 参演的电视剧和纪录片

《魂断梅耶林》《世界花园和奥黛丽·赫本》《电影史话》 等

- 话剧作品

《金粉世界》《鞑靼酱》《翁蒂娜》 等

获奖经历

- 奥斯卡金像奖

1954年，获第26届奥斯卡金像奖最佳女主角（《罗马假日》）

1955年，提名第27届奥斯卡金像奖最佳女主角（《龙凤配》）

1960年，提名第32届奥斯卡金像奖最佳女主角（《修女传》）

1962年，提名第34届奥斯卡金像奖最佳女主角（《蒂凡尼的早餐》）

1968年，提名第40届奥斯卡金像奖最佳女主角（《盲女惊魂记》）

1993年，获第65届奥斯卡金像奖吉恩·赫肖尔特人道主义奖

• 美国金球奖

1954年，获第11届金球奖电影类－剧情类最佳女主角（《罗马假日》）

1955年，获第12届金球奖最受欢迎女演员

1990年，获第47届金球奖塞西尔·B.戴米尔奖

• 圣塞巴斯蒂安国际电影节

1959年，获第7届圣塞巴斯蒂安国际电影节最佳女演员（《修女传》）

• 英国电影和电视艺术学院奖

1954年，获第7届英国电影和电视艺术学院奖最佳英国女演员（《罗马假日》）

1960年，获第13届英国电影和电视艺术学院奖最佳英国女演员（《修女传》）

1965年,获第18届英国电影和电视艺术学院奖最佳英国女演员(《谜中谜》)

- 意大利大卫奖

1960年,获第4届意大利大卫奖最佳外国女演员(《修女传》)

1962年,获第6届意大利大卫奖最佳外国女演员(《蒂凡尼的早餐》)

1965年,获第9届意大利大卫奖最佳外国女演员(《窈窕淑女》)

- 托尼奖

1952年,获最佳女主角(《金粉世界》)
1954年,获最佳女主角(《翁蒂娜》)
1968年,获特别成就奖

- 艾美奖

1993年,获第45届艾美奖杰出个人成就奖(《世界花园和奥黛丽·赫本》)

- 传媒评选类奖项

1990年,获美国杂志《人物》评选的"世界50大最美丽人物"之一

1995年,获英国杂志《帝国》评选的"银幕史上100大最性

感明星"第8名

1996年，获英国时尚杂志《哈泼斯与名媛》评选的"史上最有魅力女性"第1名

1997年，获美国杂志《娱乐周刊》评选的"史上最伟大的100位电影明星"第21名

1999年，获美国电影协会（AFI）为纪念好莱坞100周年诞辰评选的"好莱坞50位传奇巨星"第3名

2006年，获美国电影杂志《首映》评选的"银幕史上100位最伟大角色"第32名（《蒂凡尼的早餐》霍莉·戈莱特）

2006年，获英国杂志《新女性》组织5000多名读者投票评选的"世界古今百大美女"第1名

附录B
《为了孩子们》演讲稿

回顾赫本的一生,她一直是优雅的代名词,除此之外,她更是善良、智慧的化身。1989年,她在联合国发表了演讲——《为了孩子们》,每个字都流露出她对孩子们的关切与爱。

就在18个月前,当我有幸成为联合国儿童基金会的一名志愿者之前,每当我在电视上或者报纸上看到发展中国家的那些母亲和儿童遭遇的令人难以置信的悲剧时,我常常会感到无限的绝望和无助。

现在当我再看到这样的故事时,我已经不那么觉得无助了。因为现在我知道联合国儿童基金会以及其他一些组织、机构、教会、政府都在努力帮助他们。但是,我们还应该为那些处于危险状态的发展中国家的儿童们做更多的事情,他们中的一些人现在处于仅仅能够活命的状态。尤其是我们要明白这样一个事实——他们所需的财力上的帮助相对于世界的花销来说,只是小小的一部分；我们也明白，拿出不到世界经济0.5%的资金，就足以根除地球上最贫穷的状况，满足这些人在今后十年的基本生存需求。换句话说，人类的资源不存在不充足的问题，不充足的是人们的意愿。

　　人们最常问我的一个问题是：你真正为联合国儿童基金会做了什么？很明显，我的职责是通过自己的努力，使社会了解和意识到儿童的需要。如果我是一位教育家、经济学家、政治家、宗教学家或者文化专家的话，我将能更深刻地了解当今世界上的儿童问题。尽管我不是上述任何一种专家，但是，我是一位母亲。非常遗憾的是，现在儿童事业仍需要很大的支持，许多儿童处在营养不良、疾病和死亡威胁之中。不用知道确切的数字，只要看看那些瘦小的脸庞和呆滞的眼睛，就会明白他们生活在怎样的处境中。这些都是严重营养不良的表现。导致这种病的最重要原因就是缺乏维生素A，这会导致眼角膜受损，甚至使眼睛部分或完全失明，几周之后可能就会死去。在印度尼西亚、孟加拉国、印度、菲律宾和埃塞俄比亚等国，每年这样的病例有50万之多。今天，实际上有上百万的儿童正在受到失明的威胁。毫无疑问，我和基金会的其他志愿者在世界奔走，不只是尽最大力量寻求社会对基金会的资金支持，同时也在向那些地区的人们普及最基本的医疗知识，告诉他们如何抚养他们的孩子。其实每年只需要8美分就能使一个孩子不至于失明，8美分只是两片维生素A的价格。

　　我很久之前就知道联合国儿童基金会。大约45年前，在刚刚被战火蹂躏的欧洲，我是几万名饥饿的儿童中的一员，需要联合国儿童基金会的援助。战争结束，我们从饥饿、压迫和持久的暴力中解脱了出来。但是我们当时几乎赤贫，就像现在的发展中国家那样。贫穷是一切苦难的根源，贫穷导致缺乏帮助自己的手段。这就是联合国儿童基金会要做的——使人们拥有能够帮助自己的能力，给予他们发展的援助。在发展中国家，沉重的债务负担使得穷人更加贫困，而最贫困的人负担则最重。受伤害最大的莫过于妇女和儿童。

与干旱、洪水或者地震等自然灾害不同，贫困并不会常常被媒体关注，因此在世界范围内也得不到社会的注意。贫困不只在特定的地方发生，它在两个大陆的贫民窟、棚户区和被忽视的农村地区广泛地存在。贫困也不只在特定的时间发生，很多年以来，贫困人口一直持续增长。尽管贫困问题并没有上电视台的晚间新闻，但威胁着上百万人的生存。贫困的发生，也不只是因为某一个原因，但有一个重要的原因，就是发达国家的工业化生产和这些发展中国家手工劳作的产品的差异。

举个例子说，在非洲，尽管国家进行了改革，气候条件有了改善，农业产量也显著增加，但是他们辛苦劳作的所得却被国际经济趋势和农产品价格的猛烈下降所破坏。他们目前被迫要以4倍的钱来还贷款。但是，在发展中国家里最贫穷的地区还面临着经常发生的挪用盗用资金以及土地和其他生产资料严重分配不均的问题。

联合国儿童基金会的工作是为了儿童，而不是为了国际经济。联合国儿童基金会正在全球超过100个发展中国家开展工作。在这些工作中，联合国儿童基金会遇到了一些国际经济问题，这些问题不会在金融巨子的走廊中看到，不会在债券汇率的数据中反映出来，也不会在债务谈判桌上发现，这些问题出现在儿童的面庞上。这些问题包括：儿童正在发育的身心正在受到哪怕是暂时性的贫困的伤害。人类大脑和身体的发育情况，是在5岁之前就奠定了基础的，而且不会有第二次发育的机会。儿童今天的个人发展以及未来对于社会的贡献，都在隐性地被当前的经济情况所塑造。儿童们也正在付出最昂贵的代价。我们不能忽视这样的事实：世界上成百万的最贫穷的家庭正在把20世纪80年代变成一个饥荒的年代。

今天，承受无节制的借款带来的沉重负担的不是军方，不是那些外国银行家，也不是那些预支过奢侈生活的人，而是连基本生活必需品都缺乏的穷人，是缺乏必要的食品维持健康的妇女，是因为缺乏医疗和营养不良而影响生长发育的婴儿，是连上学的机会都被剥夺的儿童。当这种影响反映到儿童死亡率的上升时，这简直就是违反人性的暴行了。这绝对是不正当的。目前，一个共识正在形成，那就是发展中国家的债务负担应该减少，使发展中国家有能力偿还债务，使发展中国家的经济能够从沉重无比的债务中解脱出来，同时走上复苏和真正发展之路。

世界人口增长正在逐渐受到控制，变化正在各地出现，但是如果在目前的时刻，我们能够创造性地利用这个机会，去发现一个新世界并且有勇气把这个新世界变为现实，那么在未来十年里，我们就很有可能去解决威胁人类的三大主要问题：战争、环境恶化和贫穷。

废除奴隶制度、终结殖民地制度、取消种族隔离、对环境问题以及对妇女权利的承认都是当代重大的社会变化。这些社会变化都是从文字上的承诺开始最终变成实际行动的。20世纪90年代，是我们应该关注儿童问题的时候了。我们的梦想——召开一次国际儿童首脑会议并且签署一份儿童权利协定——一定会变成现实。

现在，每天都有40000名儿童失去生命（到2003年这个数字会是35000），每周死亡儿童的人数是280000（到2003年是245000）。无论洪水还是地震，没有任何一种自然灾害能够夺走这么多儿童的生命。造成儿童死亡的杀手是一些悄悄蔓延的疾病，例如骨髓灰质炎、破伤风、结核病、麻疹等。最恐怖的是痢疾引起的脱水症，这是由于饮用不卫生的水和营养不良而引起的。这些疾病其实都是可以预防的。给一个儿童进行预防接种只需要5美元，防治脱水症只需要6美分，每年花费84美分就可以防止儿童失明。为什么政府宁愿花巨资购置军备，而不愿意把钱花在儿童身上？儿童应该是最伟大的财产，是和平的希望。

我必须承认，联合国儿童基金会正在进行的一些工作有时让我觉得很受打击。当我停下来想到，有许多事情——例如在一夜之间改变这个世界——我们无法做到时，或者当我与一些偏执的愤世者——他们认为贫困和痛苦是这些发展中国家人口过剩导致的——交谈时，我常常感到悲哀和失落。要解决人口过剩的问题，不是依靠让儿童们死去，而应该依靠计划生育和生育间隔。通过给予世界上的穷人更好的生活，给予他们健康、教育、房屋、营养和人权等，可以使人口增长速度降低。这些措施不是免费的，需要付出一定的代价，但是这都是发展中国家可以承受的，我们可以给予这些国家帮助。中国、印度尼西亚、泰国和墨西哥已经证明，通过在公共健康、教育和计划生育方面的努力，可以降低人口增长速度。

世界银行预测，20世纪90年代初期是世界人口增长的转折点，人口增长趋势从此以后将从增长变为减少。一个事实是，没有任何一个国家在婴儿死亡率降低之前能够实现出生率的降低。换句话说，家长应该生育两个孩子，同时保证这两个孩子都能生存下来，而不是生育六个子女，只希望其中两个能够存活。这也是为什么联合国儿童基金会要致力于对母亲们进行有关如何照料子女的教育。因为，母亲是儿童们最好的"保姆"。联合国儿童基金会支持一切与发展中国家妇女的健康、营养、卫生、教育、扫盲等有关的教育计划。

因此，今天我是为那些不能为他们自己要求什么的儿童说话；我为因为缺乏维生素而失明的儿童、为正在被骨髓灰质炎伤害的儿童、为因为缺乏饮用水而日渐衰弱的儿童说话；我为世界上大约一亿流浪儿童说话，他们为了生存被迫离开家庭，他们除了勇气、微笑和梦想之外一无所有；我为战争中被伤害的儿童说话，他们没有任何敌人，但是在战火中永远最先受到伤害。现在的战争不再仅限于战场，恐怖和屠杀正在各地蔓延。成千上万的儿童成为难民，因此他们也在暴力恐怖的阴影下长大。摆在联合国儿童基金会面前的任务，无论是把几百万阿富汗难民儿童遣返，还是要教会这些只见过死亡的孩子们游戏，都是史无前例的艰巨。查尔斯·狄更斯说过:"在他们自我存在的小世界里,没有什么比不公正更容易被儿童们感知和察觉。"我们可以通过更多的投入来避免不公平的现象,但是面对这样不可避免的悲剧时,我们常常望而却步。为什么选择采用低成本的方式来保护这些儿童?领导人、父母和年轻人——年轻人拥有尚未被岁月模糊掉的纯净的心灵——应该记住他们自己的童年时代,应该去解救那些生下来就面临沉重负担的儿童。

儿童是我们最重要的资源,是我们对未来的希望。我们不仅应该保证儿童能够存活,还应该使他们远离感情的、社会的和身体上的虐待。只有这样,才有可能设想一个没有不安和暴力的世界。要使这个设想变为现实,必须靠我们自己。

联合国儿童基金会是一个人道主义组织,而不是一个慈善组织。它解决的是发展问题,而不是像福利救济那样,只是向伸出的求助的手里分发东西。我去过埃塞俄比亚、委内瑞拉、厄瓜多尔、墨西哥和苏丹等国,在这些地方,我看到的不是伸出要东西的手,而是沉默却有尊严,以及对有机会自己帮助自己的渴望。

联合国儿童基金会的职责是保护儿童,使他们远离饥饿、干渴、疾病、虐待和死亡。但是今天,我们还要面对一个更危险的威胁——"人类对自己的不人道",即对环境的破坏。人性最黑暗的一面体现在污染了我们的天空和海洋,毁坏了我们的森林,消灭了上千的美丽的动物。难道儿童会是下一个吗?

这是我们要起来反对的。因为仅仅给儿童注射疫苗,或者给他们食物和水已经不足以保护他们了。人类正在破坏我们拥有的最亲密的一切和我们赖以生存的一切，包括我们呼吸的空气、土壤和我们最宝贵的儿童。只有消灭人类这种破坏的欲望，才能保护儿童。无论是埃塞俄比亚的饥荒、危地马拉和洪都拉斯严重的贫困、萨尔瓦多的内战，还是苏丹的种族屠杀，我都看到一个明显的事实：那些地方都没有自然灾害，有的只是人类制造的悲剧。而人类解决问题的方法也只有一个，那就是和平。

"苏丹生命线"计划是个很庞大的工程，也面临着困难：苏丹是个辽阔的国家，缺乏基础设施，也没有真正意义上的道路网络、通信系统。但是，即使这个计划只能达到它一半的目标，就可以说是成功的了。因为它不只拯救了几千条生命，而且给了苏丹希望。联合国将证明，只有和平安宁的环境才能拯救儿童，只有和平才能使人类生存，只有发展才能让人们生存得有尊严、有未来。未来，当我们可以宣布我们已经履行了人类的职责时，才是我们应该有的未来。

你们"百分之一"基金是一个百分之百的榜样，但是联合起来就是关于爱和人道主义的榜样。只要我们在一起，就没有什么不可能的。

谢谢！

附录C
艾文·拉纳给赫本的信

1991年5月9日,著名的出版经纪人艾文·拉纳给赫本写了一封信,主要就是希望她能够考虑写一本自传。看得出来,艾文·拉纳极力想要说服赫本,但赫本最终还是没有同意。从这封信中,也可以窥见赫本超强的人格魅力。

自从亚布拉罕·林肯总统入主白宫以来,我不记得有任何人能够赢得如此广泛的喜爱和崇拜。之所以将你们两个人的名字联系在一起,是因为《纽约每日新闻》的头条标题"奥黛丽在林肯中心庆功"。这篇新闻描述了现实生活中的伊莉莎·多莉特(《窈窕淑女》中的女主角)最终如何赢得了属于她的奖励。"在昨晚林肯中心的电影协会颁奖典礼上,来自《窈窕淑女》的银幕明星、活着的传奇奥黛丽·赫本赢得了本年度的大奖。"

从那之后,你在公众中的声望直线上升。最值得说明的一点是,这一切的成就并不是依赖于媒体合作经纪人的运作,这些经纪人的工作是帮助他们的客户赢得更多的曝光机会和发展空间。我知道,你没有签任何的媒体合作经纪人,也没有任何协助你处理公共关系的团队。你只是展现出你的进取心、你的职业操守、你的个人魅力,在每一个电影节或者每一次慈善活动中,仅仅只是依靠完美的个人魅力,你就赢得了所有人的掌声。

如今,这些细节更加令我有一种冲动,因为那些围绕在你身旁、关注你一举一动的人们并不是受到某些时尚杂志的"蛊惑",而是完全发自内心地喜爱你,这一点太特别了。你绝对配得上这样的荣誉,这不仅仅是因为你辉煌的电影生涯,更因为你在为联合国儿童基金会工作时表现出来的崇高人格。

这确实很不同寻常,而作为你的朋友,对此我不仅仅是感动那么简单,甚至还会为你赢得的媒体关注而沾沾自喜。其实这些感受我以前都告诉过你,并没有新内容。我清楚地记得在现代艺术博物馆进行的一次颁奖典礼,那一次,人们对你的喜爱和崇拜得到了最好的展现。尽管你只是作为嘉宾参加了这次典礼,并没有用刻意的打扮或者举动来吸引他们的目光,却抢走了所有主角的光芒。对那些喜爱你、崇拜你的人来说,这是证明你美丽的最佳案例。

我写下了这些我认为自己必须说出来的话,我希望可以以此来说服你,让你有机会好好考虑一下是否该写一本书,而不是毫不犹豫地拒绝我的建议。

首先,与往常你为杂志撰写的那些文章一样,《名利场》也非常出色。我询问过我的好朋友蒂纳·布朗那一期的杂志卖得如何,她告诉我说销量要好过以往任何一期。人们购买它是因为他们喜欢封面上那张美丽的脸,而我,对于杂志内其他你的照片同样非常喜欢。那篇文章本身也非常出色,甚至可以成为你新书中三分之一的内容。如果你能够从中选出一些你没有过多谈论的细节,适当地延长篇幅,那么实际上你的新书就已经显露雏形了。当然,毫无理由地强迫你将文章增加到不恰当的长度是不公平的。

事实上,那篇文章的思想和内容已经可以决定你新书的风格。我已经告诉过你很多次,没有人希望你写出一本与那篇文章完全不同的书,刻意的改变是多余的。我们不需要你在书中去谈论、评价他人,只需要你和那篇文章一样,平实地描绘你自己,因为要求新书和那篇文章不同是完全没有理由的。唯一的不同是,这本书能够为你带来大约300万美元的版税收入,而那篇文章是免费的。事实上,你可以用这笔钱建立一个你自己的慈善基金,或者把它当作献给联合国儿童基金会的礼物,我知道这对你很重要。总之,这可以在好几个方面对你有所帮助。

我曾经阅读过几本关于你的书,无一例外的,都是在堆砌你的事业成就,毫无新意。换句话说,我们不需要把你所有的讲话、所有的事迹都糅合在一起,做成一本普通的书。我们可以采访其他人,让他们来描述对你的感受,来观察你作为一个演员、一个母亲、一名慈善机构的工作人员,或者一名其他演员心目中的偶像的一举一动。在很多领域中,你都是独一无二的代表,通过别人的角度来描述你,可以使你避免用第一人称来写自己,而这正是你最排斥的。让其他人说,然后把这些采访整合在一起,用这种方式出版一本新书应该不会让你感到局促不安。然而归根结底，这还是一本根源于你的书，只不过通过别人的角度来完成它，在书里面，别人对你的看法要比你对自己的看法更多更重要。就像《名利场》一样，我得承认那位作者非常有智慧，他成功地抓住了你最吸引人的地方。

你可以在书中表达自己的声音，描述或者思考你所看到的生活。从风格上说，这本书也许比所有的传记都更注重思考，思考你所观察到的社会、观察到的民族风俗。从个人角度出发，也可以透露你所崇拜的演员或者导演。换句话说，这不仅仅是一本普通的自传，而是一本带有哲学内容的自传。

我希望书中能够包含你对你生活中各个部分的思考和反省，至少应该包含那些你愿意涉及的内容。你不需要为这本书而与任何人见面，不需要承诺或者提前透露你将撰写哪些内容。和《名利场》一样，这本书在内容上不要求任何的增加，但是在深度上，希望在你认为恰当的程度上予以扩充。如果你愿意签下这份合约，我希望你能够在最长六个月的时间内完成，当然越快越好。同时我不要求你必须一口气写完，你可以在任何空闲的时间里进行写作。我们会选择一位你喜欢的作者来完成其他的部分，也许就是写下《名利场》的那个人，这会让事情变得更简单，也避免产生任何新的麻烦。我相信这本书会和你一样充满吸引力。我就不再多说了。

亲爱的，好好考虑一下吧。爱你和罗比。

你忠诚的

艾文·拉纳

附录 D
赫本语录

赫本,将优雅演绎得淋漓尽致,并且将优雅贯穿生命始终。

其他女人都在想如何永葆青春,赫本却自由自在地老去,她的皱纹不是衰老的象征,而是优雅到老的勋章。

她美丽优雅,又极具智慧。我们无法成为她,但可以将她的一言一行来作为指引。她个性独立,自在如风,又拥有天使般的灵魂,难怪全世界都爱她、敬她。

让我们将她的话铭记于心,成为更好的自己,随心过好每一天,然后优雅地老去。

- 想要了解一个人,就听听他是如何评价他人的,这远比听信别人对他的评价来得彻底。
- 我相信快乐的女孩子才是最漂亮的。
- 性感不是靠身材丈量的,女人味儿也并非要在卧室里证明。不管是抬手摘个苹果,还是驻足雨中,我都能传递出同样的魅力。

- 化妆可以让一个人看起来更漂亮，但掩饰不了丑陋的内心，除非谁能把化妆品吃掉。
- 若要美丽的秀发，就让孩子的手指每天穿过它。
- 承认吧，美味的奶油巧克力蛋糕对很多人都很有效，我也不例外。
- 女人的美，日久弥增。
- 若要优雅的姿态，走路时要记住行人不止你一个。
- 人之所以为人，是必须充满精力、自我反省、自我更新、自我成长，而非向人抱怨。
- 当你需要帮助的时候，你可以求助于自己的双手。
- 随着年龄的增长，你会发现你有两只手。一只手用来帮助自己，另一只用来帮助别人。
- 我经常需要独处。如果我从周六晚到周一清晨都能独自待在自己的居所，我将感到十分快乐。这是我重新焕发活力的方式。
- 女人之美不在五官，而在其内心折射的真美，是她给出的关爱和她表现出的热情。女人的这种美是随着岁月流逝而增长的。
- 我相信粉红。我相信开怀大笑是燃烧卡路里最棒的方式。我相信亲吻多多益善。我相信身处逆境时，更要坚强。我相信快乐的女孩就是最美的女孩。我相信明天会是全新的开始，而奇迹终会发生。
- 我当然不会试图摘月，我要月亮奔我而来。

- 无论一个男人做什么，无论你的孩子将会给你带来多大的苦恼和心痛，其实他们已给你很多。也不管你的父母如何让你恼怒，这都无所谓。因为你爱他们。

- 每当一个困难的时期过去，或者付出巨大的努力之后，我总能，怎么说好呢？付出总会有回报。

- 如果我的世界明天消逝，我会回顾所有我有幸拥有的快乐、兴奋和精彩。不是悲伤、失败或者我父亲的离家而去，而是所有事物愉快的一面，这样就足够了。

- 物质越艳俗，我要的却越少。许多人想登上月球，我却想多看看树。

- 享受生活才是最重要的，要快乐，这样就够了。

- 如果够真诚，我应该告诉你，我现在依然阅读童话，而且它们是我最爱的读物。

- 说实话，笑一定是我最喜欢做的事。笑能治愈人间许许多多的疾病，是一个人身上最重要的东西。

- 我曾听到过一个说法：幸福就是健康加上坏记性！真希望是我头一个说了这句话，因为，这可是千真万确的真理。

- 一个女人的美不在于她穿的衣服，不在于她的身姿，也不在于她梳的发型。

- 我是个内向的人。我喜欢独处，喜欢待在户外，喜欢带着我的狗好好地散步、看树、看花、看天空。

- 当你找不到人来喝你沏的茶时，当没有人需要你时，我想这就是人生完结的时候。

- 我从很早以前就决定，要无条件地接受人生。
- 我从来不期待生活给予我任何特别的东西，但我所成就的似乎总比我原来希望的多得多。大多数时候我并没有去寻求，它自己就来到了我身边。
- 若要有魅力的双唇，要说友善的话；若要可爱的眼睛，要看到别人的优点；若要优雅的姿态，走路时要记住行人不止你一个。
- 我喜欢修指甲，我喜欢打扮，我喜欢哪怕在闲暇时也涂唇膏、穿盛装，我喜欢粉色。我相信快乐的女孩最漂亮。
- 我自出生就有被爱的需求，而且还有一个更强烈的需求——给予爱。
- 我一直都很幸运。机遇很少凭空出现，所以，当它们出现时，你一定要抓住。
- 生活就像在博物馆里走过场，要过一阵子你才开始吸收你的所见，思考它们，读书了解它们，记忆它们，因为你不能一下子全部消化。
- 选择一天好好地享受直到极致。我认为过去的经历能帮助我享受现在，我不愿浪费当下的任何一点时间去为未来苦恼。
- 要有自信的态度，请学习你不曾学过的知识。